Simon Christ

Digitales Personalmarketing und Social-Media-Recruiting

Wie können kleine und mittelständische Unternehmen mit den Big Playern mithalten?

Bibliografische Information der Deutschen Nationalbibliothek:

Die Deutsche Nationalbibliothek verzeichnet diese Publikation in der Deutschen Nationalbibliografie; detaillierte bibliografische Daten sind im Internet über http://dnb.d-nb.de abrufbar.

Impressum:

Copyright © Studylab 2018

Ein Imprint der Open Publishing GmbH, München

Druck und Bindung: Books on Demand GmbH, Norderstedt, Germany

Coverbild: Open Publishing GmbH | Freepik.com | Flaticon.com | ei8htz

Inhaltsverzeichnis

Abkürzungsverzeichnis

AC	Assessment-Center
Ca.	Circa
Etc.	Et cetera/ und die übrigen (Dinge)
Ggf.	Gegebenenfalls
HR	Human Resources/ Personal
KMU	Kleine(s) und mittelständische(s) Unternehmen
SEA	Search Engine Advertising/ Suchmaschinenwerbung
SEM	Search Engine Marketing/ Suchmaschinenmarketing
SEO	Search Engine Optimization/ Suchmaschinenoptimierung
SMR	Social-Media-Recruiting/ Rekrutierung über soziale Medien
Sog.	Sogenannt
Vgl.	Vergleiche
Z. B.	Zum Beispiel

Abbildungsverzeichnis

Tabellenverzeichnis

1 Einleitung

Eine kürzlich in den Universitäten Bamberg und Frankfurt durchgeführte Studie über die Recruiting Trends im Mittelstand im Jahr 2015 zeigte, dass 34,1 Prozent der offenen Stellen der deutschen Top-100 Unternehmen als schwierig zu besetzen eingestuft werden. 5 Prozent gelten als nicht zu besetzen. Mittelständische Unternehmen haben bei der Deckung ihres Personalbedarfs noch größere Probleme: Als schwer zu besetzen gaben sie 38,1 Prozent ihrer offenen Vakanzen an und nicht zu besetzen waren 6,3 Prozent.[1] Der demographische Wandel und der zunehmende Fachkräftemangel in Deutschland stellen die Recruiter seit einigen Jahren vor immer neue Herausforderungen. Die goldenen Zeiten, in denen man aus hunderten eingegangen Bewerbungen die passenden Mitarbeiter herausfiltern musste, sind bei den meisten Unternehmen leider vorbei.[2] Parallel dazu hat seit der Erfindung des Internets ein massiver und sich schnell verändernder gesellschaftlicher und wirtschaftlicher Wandel begonnen, dessen Entwicklungen langfristig kaum abzusehen sind.

Seit der Einführung von Facebook im Jahr 2004 haben Social-Media-Anwendungen eine atemberaubende Begeisterungswelle auf der ganzen Welt ausgelöst: Immer mehr Menschen nutzen das Internet und soziale Medien. Social Media macht den Alltag komfortabler und ist dabei meist kostenfrei verfügbar. Folgerichtig zeigt sich, dass Unternehmen versuchen, dies für sich zu nutzen, indem sie zur Dialogführung und Interaktion mit ihren Kunden und potenziellen Mitarbeitern Social-Media-Kanäle einsetzen. Interessant ist dabei auch, dass nicht nur große Unternehmen, sondern immer mehr kleine und mittelgroße Unternehmen (KMU) Social Media einsetzen. Die BITKOM stellte 2012 in ihrer Studie „Social Media in deutschen Unternehmen" fest, dass der Anteil an Ablehnern von sozialen Medien bei Großunternehmen mit 44 Prozent höher ist als bei KMU, bei denen dieser Wert bei 39 Prozent liegt. Die Zustimmung für Social-Media-Aktivitäten lag demgegenüber bei beiden Unternehmensgruppen mit ca. 46,5 Prozent in etwa auf gleichem Niveau.[3]

Speziell im Recruiting und Personalmarketing sind diese Veränderungen sehr stark zu spüren. Was vor mehr als 10 Jahren das „E" war, welches das Zeitalter des

---

[1] Vgl. Weitzel, T. et al.: Recruiting Trends im Mittelstand 2015, S. 7

[2] Vgl. Dannhäuser, R.: Praxishandbuch Social Media Recruiting, S. 2

[3] Vgl. Mack, D., Vilberger, D.: Social Media für KMU, S. 2

E-Recruitings einläutete und wonach Unternehmen erstmals Online-Stellenausschreibungen veröffentlichten und elektronische Bewerbungen zum Standard wurden, sind mittlerweile viele große Trends wie Employer Branding, Netzwerkrekrutierung und eine Bandbreite von Internet-Plattformen, die eine neue Ära der Personalbeschaffung beginnen ließen.[4]

1.1 Problemstellung

Angesichts verschiedenster externer Entwicklungen auf dem deutschen Arbeitsmarkt haben viele Unternehmen seit einigen Jahren Probleme damit, ihren Personalbedarf ausreichend decken zu können. Schuld daran ist laut der Studie „Recruiting Trends im Mittelstand 2015" vor allem der demographische Wandel, also die Überalterung der Gesellschaft und den damit verbundenen Mangel an jungen Arbeitskräften. Platz 2 bildet für die befragten Unternehmen der in vielen Branchen vorherrschende Fachkräftemangel, der oft mit der Aussage „War for Talent" in Verbindung gebracht wird. Daneben sind die Unternehmen auch von gesetzlichen Rahmenbedingungen wie dem Allgemeinen Gleichbehandlungsgesetz betroffen.[5]

Gleichzeitig entstanden durch das Internet in den letzten Jahren eine Fülle an Möglichkeiten digitales Personalmarketing und Recruiting zu betreiben. Aufgrund der steigenden Konkurrenz im Hinblick auf die Gewinnung neuer Fach- und Nachwuchskräfte setzten deshalb immer mehr Unternehmen auf solche Online-Maßnahmen. Dies erfordert jedoch auch ein gewisses Maß an Fachwissen und Knowhow der Mitarbeiter in den Personalabteilungen. Wofür sich große Unternehmen Experten einstellen oder ausbilden, ist es für Kleinbetriebe ohne Personalabteilung oder kleine traditionsgeprägte mittelständische Unternehmen aufgrund oftmals fehlender Ressourcen deutlich schwieriger erfolgreiches Personalmarketing und Recruiting im Internet zu betreiben. Darüber hinaus ist es aufgrund der zahlreichen Angebote oftmals kompliziert, das passende für das eigene Unternehmen auszuwählen. Vor allem im Hinblick auf die Kosten, die eigene Zielgruppe und dem Betreuungsaufwand gibt es große Unterschiede.

Hinzu kommt, dass sich das Verhalten der Bewerber am Arbeitsmarkt in den vergangenen Jahren stark gewandelt hat, was für Unternehmen auch die Notwendig-

---

4   Vgl. Dannhäuser, R.: Praxishandbuch Social Media Recruiting, S. 19f.
5   Vgl. Weitzel, T. et al.: Recruiting Trends im Mittelstand 2015, S.6

keit einer Veränderung der Herangehensweise bei der Kandidatensuche mit sich zieht. In fast allen Bereichen ist ein Trend von der traditionell passiven Suche nach Kandidaten hin zum aktiven Recruiting zu beobachten. So kommunizieren beispielsweise auf der Business-Plattform XING nur ca. 10 Prozent der potenziellen Kandidaten offenkundig, dass sie aktiv auf Jobsuche sind. Circa 30 Prozent der Kandidaten werden als „latent suchend" kategorisiert. Sie kommunizieren ihr Wechselinteresse entweder verborgen oder sind aktuell nicht auf der Suche, aber durchaus offen für interessante Jobangebote. Der Großteil, nämlich 60 Prozent aller potenziellen Kandidaten, sind passive Kandidaten, die sich aktuell nicht für Jobangebote interessieren. Jedoch wäre fast die Hälfte dieser Kandidaten offen dafür, mit einem Personalberater oder Recruiter über eine Karrierechance zu sprechen, um zu sehen, ob diese interessant für sie sein könnte. Demnach hat sich auch das Aufgabenfeld der Recruiter geändert: War die Arbeit früher eher von verwaltenden/ administrativen Tätigkeiten geprägt, müssen die Personalbeschaffer von heute primär als Berater und Verkäufer agieren.[6]

1.2 Zielsetzung der Arbeit

Bezugnehmend auf die zuvor genannten Problematiken besteht das Ziel der vorliegenden Arbeit zunächst darin, die Begrifflichkeiten des digitalen Personalmarketing und Social-Media-Recruiting (SMR) für die Entscheidungsträger in KMU zu definieren. Basierend auf verschiedenen aktuellen Studien werden die wichtigsten und meistgenutzten Kanäle aus diesem Bereich vorgestellt und deren grundsätzliche Funktionsweise und Anwendung erläutert.

Im nächsten Schritt werden die unterschiedlichen Möglichkeiten hinsichtlich der Bedürfnisse kleiner und mittlerer Unternehmen untersucht. Dabei werden anhand der Kriterien „Kosten", „Zielgruppe" sowie den jeweils erforderlichen Fachkenntnissen für die Umsetzung, Best-Practice-Modelle für Kleinst-, kleine und mittlere Unternehmen abgeleitet. Dadurch sollen vor allem die Personalverantwortlichen der KMU, die sich noch nicht tiefgehender mit der Thematik des digitalen Personalmarketing und Social-Media-Recruiting beschäftigt haben oder mit dem Gedanken spielen, in diesem Bereich tätig zu werden, einen Überblick über aktuelle Modelle und Trends erhalten und bei der Entscheidung zur Auswahl bestimmter Rekrutierungskanäle oder Strategien unterstützt werden.

---

[6] Vgl. Dannhäuser, R.: Praxishandbuch Social Media Recruiting, S. 2ff.

1.3 Vorgehensweise und Methodik

Die Arbeit gliedert sich insgesamt in sieben Kapitel. Nach der Einleitung werden in Kapitel 2 zunächst die Begrifflichkeiten der „Kleinst-" „kleinen" und „mittelständischen" Unternehmen definiert. Neben einer quantitativen Abgrenzung werden dabei primär die qualitativen Merkmale hinsichtlich der Mitarbeiterstruktur und den Besonderheiten im Personalmanagement erläutert. Darüber hinaus werden die spezifischen Anforderungen und Bedürfnisse dieser Gruppe definiert, was für die spätere Bewertung der einzelnen Recruiting- und Personalmarketingkanäle hergenommen wird.

In Kapitel 3 werden die theoretischen Grundlagen und Methoden der traditionellen Personalbeschaffung beschrieben und die Defizite des klassischen Recruitings aufgezeigt. Speziell wird dabei auf die Personalsuche und –beschaffung eingegangen.

Das vierte Kapitel beinhaltet die wichtigsten Maßnahmen, Elemente und Kanäle des digitalen Personalmarketings und Recruitings. Im Bereich des Personalmarketings wird schwerpunktmäßig auf das Employer Branding als wichtiges Instrument zur Steigerung der Rekrutierungschancen mit Hinblick auf die neuen Chancen durch das Internet eingegangen. Anschließend wird näher auf die Möglichkeiten der Unternehmenshomepage bzw. den Karrierebereich eingegangen und grundlegende Empfehlungen für dessen Gestaltung sowie Maßnahmen des Suchmaschinenmarketings durch Google AdWords vorgestellt. Des Weiteren werden die wichtigsten Anbieter aus dem Bereich der Internet-Stellenbörsen und Karriereplattformen vorgestellt und deren Funktionsweise erläutert. Zuletzt werden die Möglichkeiten der klassischen sozialen Medien für die Rekrutierung erläutert.

Kapitel 5 beschäftigt sich mit den aktuellen Recruiting-Trends in kleinen und mittelständischen Unternehmen. Mittels aktueller Befragungen und Studien werden gegenwärtige Entwicklungen, sowohl auf der Bewerberseite als auch auf der Arbeitgeberseite, untersucht.

Anschließend werden in Kapitel 6 die wichtigsten Trends im Bereich des Online Personalmarketing und Social-Media-Recruiting auf ihre Anwendbarkeit und Eignung für KMU überprüft, indem eine Bewertung der verschiedenen Kanäle für das Recruiting und Employer Branding vorgenommen wird. Dabei wird unter allgemeiner Berücksichtigung für KMU relevanter Anforderungen hinsichtlich Kosten, Zielgruppe und den erforderlichen Fähigkeiten zur Umsetzung für die Größenklassifizierungen „Kleinstunternehmen" (bis 9 Mitarbeiter), „Kleinunternehmen" (bis 49 Mitarbeiter) und „mittelständische Unternehmen" (bis 249 Mitarbeiter), jeweils ein Best-Practice-Modell abgeleitet.. Die benötigten Zahlen und Informationen werden mithilfe einer Literaturanalyse sowie einer Online-Recherche bei den Anbietern selbst zusammengetragen. Zuletzt folgt ein Fazit mit daraus abgeleiteten Handlungsempfehlungen für KMU.

2 Abgrenzung kleiner und mittelständischer Unternehmen

Da die Anwendung von digitalem Personalmarketing und Social-Media-Recruiting bei kleinen und mittleren Unternehmen in der Realität – unabhängig von der Unternehmensgröße - sehr unterschiedlich ist, ist es auch nicht ohne weiteres möglich, eine genaue Zielgruppe zu definieren. Jedoch ist es zunächst wichtig, dasselbe Verständnis der Begriffe „Kleinstunternehmen", „Kleinunternehmen" und „mittelständisches Unternehmen" zu haben. Sowohl in der Wissenschaft als auch bei der Rechtsprechung gibt es keine einheitlich gültige Definition für diese Begriffe.

2.1 Quantitative Abgrenzung

Die Europäische Union legte 2003 mit der EU-Empfehlung 2003/361/EG folgende Definition für Kleinst-, kleine und mittlere Unternehmen fest:

Typ	Anzahl Beschäftigte		Umsatzerlös in Mio. €		Bilanzsumme in Mio. €
Kleinstunternehmen	1 - 9	sowie entweder	≤ 2	oder	≤ 2
Kleine Unternehmen	10 - 49	sowie entweder	≤ 10	oder	≤ 10
Mittlere Unternehmen	50 - 249	sowie entweder	≤ 50	oder	≤ 43

Tabelle 1 Größenklassifizierung von Unternehmen [7]

Wie in Tabelle 1 zu sehen, definiert die Europäische Kommission die einzelnen Unternehmenstypen anhand der Kriterien Anzahl der Beschäftigten, Umsatzerlöse sowie Bilanzsumme, wobei die Beschäftigungszahl ausschlaggebend ist und eines der weiteren Kriterien zutreffen muss. Auch das Institut für Mittelstandsforschung (IfM) in Bonn zieht sehr ähnliche Größenmerkmale für dessen Typisierung heran, die sich lediglich bei der Beschäftigtenzahl der mittleren Unternehmen (bis 499 Arbeitnehmer) unterscheiden. Aus diesem Grund orientiert sich die weitere Begriffsverwendung der Unternehmenstypen auf die von der Europäischen Kommission festgelegten Kriterien.

---

[7] Eigene Tabelle, vgl. Kommission der Europäischen Union (2003): EU-Empfehlung 2003/361/EG

2.2 Qualitative Abgrenzung

Neben diesen rein quantitativen Kriterien ist es für diese Arbeit jedoch noch wichtiger, die qualitative Abgrenzung, insbesondere der Personalstruktur und des Personalbedarfs der KMU im Vergleich zu größeren Unternehmen zu betrachten. Das Niedersächsische Institut für Wirtschaftsforschung hat nach einer Analyse des IAB-Betriebspanels 2009 – 2013 folgende Charakteristika über die größenspezifische Struktur und Entwicklung der Beschäftigung feststellen können:[8]

Die Beschäftigten mit einfachen Tätigkeiten machen (unabhängig von der Unternehmensgröße) insgesamt rund 25% aus. Bei dieser Gruppe ist dem allgemeinen Trend folgend ein leichter Rückgang zugunsten der Arbeitnehmer mit einem Hochschulabschluss festzustellen.[9]

Der Akademikeranteil in KMU liegt hingegen mit ca. 8,5% deutlich unter dem Durchschnitt der Großunternehmen von 15%. Tendenziell lässt sich vor allem bei den mittleren und großen Unternehmen aufgrund der Nachfrageentwicklung ein leichter Trend nach oben feststellen, weshalb diese Gruppe für das Personalmarketing und die Personalbeschaffung nicht zu vernachlässigen ist.[10]

Zur Personalstruktur im Allgemeinen kann man letztendlich sagen, dass Klein- und Mittelbetriebe eine geringere Anzahl von Beschäftigten aufweisen. Der Anteil von ungelernten und angelernten Arbeitskräften ist häufig unbedeutend und es sind weniger Akademiker beschäftigt als in Großunternehmen. Daneben ist bei der Belegschaft ein überwiegend breites Fachwissen vorhanden und es herrscht eine vergleichsweise hohe Arbeitszufriedenheit vor.[11]

Neben diesen Kriterien unterscheidet sich auch das Personalmanagement selbst von größeren Unternehmen. Obwohl die Anforderungen an ein ganzheitliches Personalmanagement hinsichtlich der Personalbedarfsplanung, der Personalbeschaffung, der Personalführung und –einsatzplanung, der Personalentwicklung und Personalfreisetzung, sowie der Entlohnung und Beurteilung grundsätzlich identisch sind, unterscheidet sich die Tätigkeiten der Mitarbeiter im Personalbe-

---

[8] Vgl. Niedersächsisches Institut für Wirtschaftsforschung: Stellenbesetzung und personalpolitische Probleme in KMU, S. 15ff.

[9] Vgl. Niedersächsisches Institut für Wirtschaftsforschung: Stellenbesetzung und personalpolitische Probleme in KMU, S. 15ff.

[10] ebd.

[11] Vgl. Pfohl, H.-C.: Betriebswirtschaftslehre der Mittel- und Kleinbetriebe, S. 21

reich bei kleineren Unternehmen oftmals sehr stark zu denen in großen institutionalisierten Personalabteilungen und somit auch das Knowhow und die Spezialisierungsgrade der jeweiligen Mitarbeiter. Während sich in Großunternehmen Personalbereiche mit eigenen Abteilungen für Personalentwicklung, Personalmarketing, Personalbeschaffung, Ausbildung, etc. vorfinden, gründen kleine Unternehmen erst mit steigender Mitarbeiterzahl eine eigene Personalabteilung. In vielen kleinen und mittleren Unternehmen werden die Personalaufgaben nur als Verwaltungstätigkeiten gesehen, von denen nur die unabdingbaren Tätigkeiten wahrgenommen werden. Darüber hinaus fällt es KMU in der Regel schwer bei den materiellen und immateriellen Leistungsanreizen mit Großunternehmen zu konkurrieren, was sich in der Realität hauptsächlich auf das Gehalt auswirkt. Ebenso zeigt das die Arbeit in der Personalentwicklung, die bei KMU oft einen stochastischen Charakter aufweist. Meist wird sich erst bei akuten Problemen mit der Weiterbildung der Mitarbeiter befasst.[12] Bei der Rekrutierung ihres Personals sind KMU normalerweise auf die Region angewiesen, in der sie agieren. Dies schränkt von vornherein den Kreis der potenziellen Bewerber ein. Zusätzlich können die Betriebe nicht auf umfangreiche interne Rekrutierungen innerhalb eines größeren Verbunden zurückgreifen, sondern müssen sehr viel häufiger unmittelbar auf dem externen Arbeitsmarkt rekrutieren, mit allen Risiken, die eine externe Personalbeschaffung mit sich bringt. Da kleinere Betriebe in der Öffentlichkeit auch weniger wahrgenommen werden und auch in ihrer unmittelbaren Region weniger bekannt sind, nutzen sich deshalb verstärkt eine aktive Rekrutierungspolitik. Sie sprechen Schulen und Universitäten an, ermöglichen Schnupperpraktika, besuchen Jobbörsen und Rekrutierungsmessen. Um ihren hohen Bedarf an qualifizierten Ausbildungskräften zu decken werden beispielsweise zunehmend ganze Klassen zu einer Betriebsbesichtigung eingeladen, um vor allem auch junge Frauen für technisch-handwerkliche Ausbildungsgänge zu interessieren.[13]

Im Gegensatz zu den meist homogenen Strukturen in Großunternehmen erscheint es für KMU aufgrund der Vielfältigkeit realer Betriebe sowie der Vielschichtigkeit und Dynamik des Geschehens auch kaum möglich, ein einheitliches Größenmaß zu entwickeln. Zu ihnen zählen Startups, kleine Handwerksbetriebe und Einzelhändler genauso wie Dienstleister, Freiberufler, Großhändler und die

---

12 Vgl. Immerschitt, W.: Employer Branding für KMU, S. 24ff.

13 Vgl. Pfohl, H.-C.: Betriebswirtschaftslehre der Mittel- und Kleinbetriebe, S. 257ff.

Industrie.[14] Aus diesen Gründen ist es gerade bei der Auswahl von geeigneten Personalmarketinginstrumenten und Online-Recruiting-Maßnahmen wichtig, auf die speziellen Bedürfnisse der Mitarbeiter sowie des einzelnen Unternehmens einzugehen, um eine möglichst einfache, kostengünstige und erfolgsversprechende Rekrutierungsstrategie zu erarbeiten.

---

[14] Vgl. Pfohl, H.-C.: Betriebswirtschaftslehre der Mittel- und Kleinbetriebe, S. 5ff.

3 Der klassische Recruitingprozess

Der Begriff des klassischen bzw. traditionellen Recruitings bezeichnet eine Bedarfsdeckung mit herkömmlichen Methoden, also ohne den Einsatz digitaler Technik.[15] Der Prozess des Recruitings ist sowohl bei Großunternehmen als auch bei kleinen und mittleren Unternehmen im Grundsatz immer derselbe. Es können im Allgemeinen vier Phasen unterschieden werden:

Mit einer Anforderungsanalyse werden zunächst die erforderlichen Qualifikationen bzw. Kompetenzen der zu besetzenden Stelle identifiziert. Dies geschieht am einfachsten durch die Betrachtung bzw. Befragung von Beschäftigten derselben Stelle oder anhand eines Interviews mit den jeweiligen Vorgesetzten. Um spätere Kosten aufgrund einer Fehlbesetzung zu vermeiden, sollte sich das erstellte Anforderungsprofil möglichst genau mit den Arbeitsanforderungen in der Realität decken.[16]

Vor der Veröffentlichung einer Stellenanzeige sollte in der zweiten Phase noch eine Analyse des Arbeitsmarktes vorgenommen werden. Anhand von veröffentlichten Statistiken und Erfahrungswerten muss analysiert werden, wie viele geeignete Arbeitskräfte auf dem relevanten Arbeitsmarkt zu Verfügung stehen. Daneben werden zentrale Fragen wie die Mobilität der benötigten Arbeitskräfte, das aktuelle Gehaltsniveau auf den Arbeitsmärkten sowie die Art der Ansprache und des Beschaffungsweges der potenziellen Mitarbeiter, geklärt.[17]

3.1 Personalsuche

In den Phasen der Personalsuche und -beschaffung werden von der Personalabteilung sowohl der Beschaffungsweg, als auch die Medien, in denen die Stellenanzeigen platziert werden, festgelegt. Diese Auswahl resultiert vor allem auf den gewonnenen Erkenntnissen aus der Arbeitsmarktforschung. Bei der Ausschreibung selbst haben die Unternehmen die Möglichkeit einer externen und internen Ausschreibung. Letztere wird bei vielen Unternehmen aufgrund tarifvertraglicher Vereinbarungen ohnehin im Voraus erfolgen. Bei der externen Ausschreibung haben die Unternehmen zahlreiche Möglichkeiten, ihre Stellenanzeigen zu veröffent-

---

[15]   Vgl. Knapp, E.: Rekrutierungsmanagement, S. 49

[16]   Vgl. Stock-Homburg, R.: Personalmanagement, S. 155ff.

[17]   ebd.

lichen. Bei der Auswahl einer geeigneten Methode kann das Unternehmen den Erfolg eines jeweiligen Beschaffungsweges anhand mehrerer Kriterien messen. Zum einen ist die Reichweite ein entscheidendes Auswahlkriterium, zum anderen muss man, je nach Dringlichkeit der zu besetzenden Stelle, den Zeitfaktor für die Auswahl beachten. Darüber hinaus sind die anfallenden Kosten für die Besetzung einer Stelle ein wichtiges Kriterium.[18]

Sonja Schneider beschreibt in ihrem Buch „Social Media – der neue Trend in der Personalbeschaffung" die Methoden der klassischen Personalsuche wie folgt:

Printmedien

Sie werden von einer Vielzahl von Unternehmen genutzt um ihre vakanten Stellen zu veröffentlichen. Mit dieser Veröffentlichungsart werden vor allem Personen, die aktiv auf Arbeitssuche sind, angesprochen. Was vor einigen Jahren noch Kurzanzeigen in Zeitungen waren, sind mittlerweile ganze Imageanzeigen, die sich positiv auf das Employer Branding auswirken sollen. Durch die individuelle und unternehmensspezifische Gestaltung dieser Anzeigen möchte man sich von der Konkurrenz abheben. Generell eignen sich für die Stellensuche deutschlandweite Tageszeitungen, regionale Zeitungen sowie Fachmedien. Wichtig ist, dass die gewünschte Zielgruppe bestmöglich angesprochen wird.[19]

Bundesagentur für Arbeit

Dieses staatlich geförderte Amt schafft eine Verbindung zwischen Arbeitssuchenden und potentiellen Arbeitgebern und wurde dazu gegründet, die Arbeitslosigkeit in Deutschland zu reduzieren. Unternehmen können ihre freien Stellen kostenfrei an die Bundesagentur melden, welche diese dann mit den Qualifikationen der Arbeitssuchenden vergleicht und entsprechend weiterleitet. Auf Wunsch kann die Anzeige auch auf der Online-Jobbörse der BAA veröffentlicht werden. Tendenziell werden durch die Arbeitsagentur jedoch eher niedriger qualifizierte Bewerber angesprochen, was bei der Veröffentlichung berücksichtigt werden sollte.[20]

---

[18] Vgl. Schneider, S.: Social Media – der neue Trend in der Personalbeschaffung, S. 5
[19] Vgl. Schneider, S.: Social Media – der neue Trend in der Personalbeschaffung, S. 7
[20] Vgl. Schneider, S.: Social Media – der neue Trend in der Personalbeschaffung, S. 6f.

Zeitarbeit

Bei der Methode der Zeitarbeit bzw. des Personalleasings verleiht ein Unternehmen mithilfe eines Arbeitnehmerüberlassungsvertrages eine Arbeitskraft gegen Gebühr an ein anderes Unternehmen. Für Unternehmen hat diese Form der Personalbeschaffung den Vorteil, dass sie ihren Personalbedarf kurzfristig abdecken können, ohne ein festes Arbeitsverhältnis einzugehen. Darüber hinaus kann sich ein Unternehmen so die Kosten für eine Stellenanzeige bzw. die Rekrutierung sparen und kann gleichzeitig prüfen, ob sich der Leiharbeiter ggf. für eine Festanstellung eignet.[21]

Personalberater

Personalberatungen sind Dienstleister, die Unternehmen bei der Bewerbersuche und Auswahl unterstützen und den ganzen Bewerbungsprozess oder einzelne Teilschritte übernehmen. Sie befassen sich beispielsweise mit der Gestaltung der Stellenanzeigen, der Mediaplanung oder Sichtung der Bewerbungsunterlagen. Manche Beratungen erstellen für ihre Kunden auch Anforderungsprofile und helfen ihnen bei der Formulierung eines Arbeitsvertrages. Diese Maßnahme kann vor allem sinnvoll sein, wenn die eigenen Ressourcen in der Personalabteilung nicht mehr ausreichen oder das Unternehmen den eigenen Firmennamen bei der Veröffentlichung verbergen möchte.[22]

Headhunter

Das Headhunting bezeichnet die Direktansprache von geeigneten Arbeitskräften für eine vakante Position in einer Führungsebene. Hierbei kontaktiert ein Headhunter einen Wunschkandidaten meist telefonisch und bietet ihm einen Arbeitsplatz bei einem neuen Unternehmen an. Der Headhunter stellt seinen Kunden anschließend die geeigneten Kandidaten vor und übernimmt den gesamten Bewerbungsprozess. Durch diese Maßnahme werden nicht nur Kandidaten angesprochen, die aktiv auf der Suche nach einem neuen Arbeitsplatz sind, sondern auch jene, die sich in einem festen Arbeitsverhältnis befinden und einen Wechsel nicht in Betracht gezogen hätten. Die Maßnahme eignet sich vor allem, wenn der infra-

---

[21] Vgl. Schneider, S.: Social Media – der neue Trend in der Personalbeschaffung, S. 8
[22] Vgl. Schneider, S.: Social Media – der neue Trend in der Personalbeschaffung, S. 8

ge kommende Kandidatenkreis überschaubar und der Wettbewerb um die potenziellen Arbeitnehmer hoch ist.[23]

Hochschulmarketing

Für die Rekrutierung von jungen Akademikern eignet sich das Hochschulmarketing besonders gut. Unternehmen haben dadurch die Möglichkeit, sich bei den Nachwuchskräften und baldigen Absolventen persönlich als attraktiver Arbeitgeber vorzustellen. Der direkte und möglichst frühzeitige Kontakt mit den Studenten ist den Unternehmen hierbei besonders wichtig, um im War for Talents nicht unterzugehen. Sie bieten den jungen Studierenden beispielsweise Praktikumsoder Werksstudentenplätze oder die Betreuung von Abschlussarbeiten an. Die Ansprache erfolgt meist durch eine Firmenpräsentation bei der jeweiligen Bildungseinrichtung oder Jobmessen.[24]

3.2 Personalauswahl

Die vorerst letzte Phase des Recruitingprozesses bildet die Personalauswahl. Hat das Unternehmen genügend Bewerbungen erhalten, gilt es den geeignetsten Kandidaten auszuwählen. Auch hierfür stehen den Recruitern unterschiedliche Möglichkeiten zur Verfügung. Nachfolgend werden die wichtigsten Methoden hierfür aufgezeigt.

Die Bewerbungsunterlagen

Beim traditionellen Recruitingprozess sind die Bewerbungsunterlagen meist das erste Auswahlkriterium und entscheiden, ob der Bewerber die erste Hürde nimmt. Zunächst wird auf das ordentliche Aussehen, die Formatierung und die grammatikalische Korrektheit der Bewerbung geachtet. Hierbei ist in Abhängigkeit zu dem Niveau der gesuchten Stelle zu skalieren. Die Bewerbung sollte konkret auf das Unternehmen und die ausgeschriebene Stelle bezogen sein, um zu zeigen, dass sich der Bewerber aktiv mit ihr auseinandergesetzt hat. Das Anschreiben sollte strukturiert und eine klare Botschaft sollte erkennbar sein. Daneben sind die Arbeitszeugnisse des Bewerbers ein entscheidenden Auswahlkriterium. [25] Je nachdem, ob es sich um ein einfaches oder qualifiziertes Arbeitszeugnis han-

---

[23] Vgl. Schneider, S.: Social Media – der neue Trend in der Personalbeschaffung, S. 9

[24] Vgl. Schneider, S.: Social Media – der neue Trend in der Personalbeschaffung, S. 9ff.

[25] Vgl. Schumacher, F., Geschwill, R.: Employer Branding, S. 106

delt, muss der ausstellende Arbeitgeber wahrheitsgemäß die Arbeitsweise oder das Verhalten eines Arbeitnehmers wiedergeben.[26] Viele Unternehmen nehmen sich für die Beurteilung einer Bewerbung auch ein eigens entwickeltes Raster zur Hilfe.[27]

Das Vorstellungsgespräch

Im Anschluss an das Prüfen der Bewerbungsunterlagen folgt im Regelfall die Einladung eines oder mehrerer Kandidaten zu einem strukturierten Einstellungsinterview. Dies ist in der Realität meist ein Gespräch zwischen dem Bewerber und einem oder mehreren Mitarbeitern des Arbeitgebers. Ziel eines solchen Gespräches ist in erster Linie das persönliche Kennenlernen von Bewerbern und potenziellen Vorgesetzten bzw. Kollegen. Dadurch kann die Sympathie und das Zusammenpassen auf beiden Seiten abgeschätzt werden. Das Unternehmen kann im nächsten Schritt die bereits vorliegenden Informationen über den Bewerber anhand von verschiedenen Fragen überprüfen. Der Arbeitgeber kann dadurch die Eignung eines Bewerbers einschätzen. Neben dem Austausch von Informationen können sich beide Seiten auch ein Bild über die Erwartungen und Bedürfnisse des Gegenübers machen und ggf. weitere Maßnahmen verhandeln.[28]

Die Arbeitsprobe

Im gewerblichen oder im Dienstleistungsbereich ist die Arbeitsprobe ein sehr gängiges Instrument. Sie ist besonders geeignet, wenn eine Tätigkeit von einer Person allein zu erbringen ist. Für Stellen mit höherer Komplexität, die einer längeren Einarbeitungszeit bedürfen oder viele Interdependenzen mit anderen Bereichen aufweisen, ist eine Arbeitsprobe jedoch schwer durchführbar.[29]

Das Assessment-Center (AC)

Bei der Assessment-Center-Methode werden mehrere Bewerber von mehreren Beobachtern hinsichtlich verschiedener Eigenschaften bewertet und miteinander verglichen.[30] Die Kandidaten müssen meist verschiedenste Aufgaben oder simulierte Praxissituationen allein und in Teams bewältigen. Oftmals unter erhebli-

---

26 Vgl. Stock-Homburg, R.: Personalmanagement, S. 178f.
27 Vgl. Schumacher, F., Geschwill, R.: Employer Branding, S. 106
28 Vgl. Stock-Homburg, R.: Personalmanagement, S. 184f.
29 Vgl. Schumacher, F., Geschwill, R.: Employer Branding, S. 108
30 Vgl. Stock-Homburg, R.: Personalmanagement, S. 182

chem Zeitdruck. Anschließend werden die erarbeiteten Ergebnisse präsentiert. Durch die verschiedene Rollenspeile oder Diskussionen können die Teilnehmer auf verschiedene Fähigkeiten sowie Soft-Skills überprüft werden. Um der Subjektivität der Beurteiler entgegenzuwirken, sollte die Beurteilung mithilfe eines normierten Bewertungsbogens erfolgen und jeder Bewerber sollte von unterschiedlichen Mitarbeitern beobachtet werden. Diese Methode eignet sich aufgrund ihres größeren Aufwands eher für höherqualifizierte Arbeitskräfte oder Fälle, in denen es viele ähnlich gute Bewerber gibt.[31]

3.3 Defizite des traditionellen Recruitings

Die Veröffentlichung von Stellenanzeigen auf dem analogen Weg bringt jedoch im Vergleich zum digitalen Recruiting auch einige Nachteile mit sich. So können Unternehmen bei einer Publikation in einem Printmedium Größe, Aufbau sowie das eigene Corporate Design zwar frei für die jeweilige Zielgruppe anpassen, jedoch steigen auch die Kosten der Veröffentlichung mit steigender Anzeigengröße. Darüber hinaus ähnelt die Kommunikation einem Monolog, das heißt Interessenten können auf die Stellenausschreibung nicht direkt mit den Unternehmensvertretern in Kontakt treten, wie dies bei einer aus Stellenausschreibung im Internet möglich ist.[32]

Ein weiterer Nachteil von Stellenanzeigen in Printmedien resultiert aus den Anzeigeterminen des Mediums. Für das Unternehmen bedeutet das, dass es nicht jederzeit eine vakante Stelle publizieren kann. Die Stellenanzeige kann auf Wunsch einmalig oder mehrmals in einem Printmedium publiziert werden, erreicht dadurch jedoch nur einen Bruchteil der anvisierten Personenzahl. Diese Methode des Recruitings ist weniger zielgerichtet als beispielsweise die Direktansprache durch einen Headhunter oder die Ansprache der Zielgruppe durch Hochschulmarketing, bei denen es darum geht einen potenziellen Bewerberkreis zu erschließen. Jedoch ist es Unternehmen, die einen Headhunter oder Personalberater engagieren, oftmals nicht möglich, die Fähigkeiten und Professionalität des Beauftragten einzuschätzen. Darüber hinaus bestimmen die Verdienstmöglichkei-

---

[31] Vgl. Schumacher, F., Geschwill, R.: Employer Branding, S. 108f.
[32] Vgl. Schneider, S.: Social Media – der neue Trend in der Personalbeschaffung, S. 11

ten der potenziellen Kandidaten prozentual das Gehalt dieser Berater, was diese Variante für Unternehmen oftmals kostenintensiv macht.[33]

Trotz dieser Defizite wird die traditionelle Personalbeschaffung auch zukünftig von Unternehmen eingesetzt werden, jedoch um die Möglichkeiten des Social Media-Recruitings ergänzt. Für die Unternehmen ist es für die Auswahl der Recruiting-Strategie wichtig, die Zielgruppe und deren Nutzungsverhalten zu kennen, um hohe Streuverluste zu vermeiden. Zur Deckung ihres Personalbedarfs kombinieren Unternehmen deshalb häufig mehrere Instrumente.[34]

---

[33] Vgl. Schneider, S.: Social Media – der neue Trend in der Personalbeschaffung, S. 11
[34] ebd.

4 Digitales Personalmarketing und Social-Media-Recruiting

4.1 Abgrenzung und Definition

Über den Begriff des Personalmarketings gibt es, wie bei den meisten betriebswirtschaftlichen Themen, sehr unterschiedliche Auffassungen und Definitionen. Im Wesentlichen handelt es sich hierbei um die Anwendung von Marketinginstrumenten im Personalbereich. Personalmarketing im engeren Sinne kann auch als operatives Instrument zur Gewinnung von Arbeitskräften am externen Arbeitsmarkt verstanden werden. Die weiteste Auffassung des Begriffs ist, dass es sich um ein Denk- und Handlungskonzept handelt, welches die konsequente Umsetzung des Marketinggedankens im Personalbereich beinhaltet, wobei das Unternehmen an gegenwärtige und zukünftige Mitarbeiter (Kunden) zu „verkaufen" ist.[35]

Das „digitale" Personalmarketing umfasst alle Personalmarketingmaßnahmen unter Zuhilfenahme digitaler Medien. Da beispielsweise auch mit der Veröffentlichung von Stellenanzeigen während des Recruitingprozesses aktives Personalmarketing betrieben wird, sind diese zwei Begriffe in der Realität eng miteinander verbunden und können deshalb nicht ohne weiteres voneinander abgegrenzt werden.

Der Begriff Social-Media-Recruiting, häufig auch Social-Recruiting oder Social-Recruitment genannt, beschreibt das Verwenden von Daten aus sozialen Netzwerken zur zielgerichteten Platzierung von Werbebotschaften durch Arbeitgeber und Personalvermittler. Die Daten orientieren sich dabei an den Interessen der potenziellen Kandidaten. Der Begriff des SMR umfasst dabei verschiedene Maßnahmen des Personalmarketings und kann grundsätzlich auch als Bewerbersuche über die sozialen Netzwerke, wie Facebook, Instagram, Twitter, YouTube, etc., definiert werden.[36]

Im folgenden Teil werden nun die wichtigsten Maßnahmen, Elemente und Kanäle aus diesem Bereich vorgestellt.

---

[35] Vgl. Beck, C.: Personalmarketing 2.0, S. 10

[36] Vgl. Dannhäuser, R.: Praxishandbuch Social Media Recruiting, S. 34

4.2 Employer Branding

4.2.1 Definition und Funktionsweise

Während das Personalmarketing für eine stetige Umsetzung des Marketinggedankens im Personalbereich steht und als eine Querschnittsfunktion für das Humane Ressource Management gesehen werden kann, wird oft synonym zu diesem Begriff das Employer Branding genannt. Employer Branding kann als Teil des strategischen Personalmarketings angesehen werden. Der Fokus liegt hierbei auf der Deckung des Recruiting-Bedarf und der Generierung einer gewissen Mitarbeiterbindung. Es ist somit als Schnittmenge zwischen Marketing und Humane Resource Management anzusehen.[37]

Übersetzt bedeutet Employer Branding eine Arbeitgebermarkenbildung. Hierbei werden Marketingkonzepte, insbesondere der Markenbildung, angewendet, um ein Unternehmen als attraktiven Arbeitgeber darzustellen. Auf diese Weise möchte man als Arbeitgeber ein Image kommunizieren, das beispielsweise für Qualität, Tradition, Sicherheit, etc. steht und mit dem Unternehmen in Verbindung gebracht wird. Es ermöglicht dem Unternehmen, sich extern und intern als attraktiver und authentischer Arbeitgeber zu positionieren.[38]

Zum Prozess des Employer Branding finden sich in der Literatur einige Schemata. Die Gemeinsamkeiten von allen Modellen sind die Elemente der Analyse, Konzeption, Umsetzung und Kontrolle:

Möchte man als Unternehmen erfolgsversprechendes Employer Branding betreiben, müssen in der Analysephase zunächst die personalrelevanten Herausforderungen des Arbeitgebermarktes analysiert werden. Hierbei finden eine Segmentierung des Arbeitgebermarktes und eine Selbstanalyse des Unternehmens statt. Daraufhin wird in der Phase der Strategieentwicklung eine Zielformulierung entwickelt. Es wird die Positionierung der Arbeitgebermarke formuliert und deren Soll-Identität festgelegt, die den Arbeitnehmern übermittelt werden soll. Anschließend werden passende interne und externe Kommunikationswege ausgewählt und umgesetzt. Hierfür müssen natürlich auch die entsprechenden zeitlichen und budgetären Pläne festgelegt werden. Um zu prüfen, ob Anpassungen der Strategie und des Maßnahmenkatalogs vorgenommen werden müssen, muss in

---

³⁷ Vgl. Immerschitt, W.: Employer Branding in KMU, S. 43f.
³⁸ Vgl. Immerschitt, W.: Employer Branding in KMU, S. 35

periodischen Abständen eine Erfolgsmessung erfolgen. In der Regel werden bei der Planung oft kurzfristig orientierte Periodenpläne erstellt. Längere Periodenpläne sind nur in wenigen Unternehmen vorhanden. In der Literatur herrscht Einigkeit darüber, dass der Employer Branding-Prozess längerfristig angelegt ist und Ergebnisse erst nach zwei bis drei Jahren sichtbar werden.[39]

4.2.2 Employer Branding mit XING und kununu

Nicht zuletzt spiegeln sich die Ergebnisse des Employer Brandings auch in Arbeitgeberbewertungsportalen wieder. Um in ihrem späteren Job keine bösen Überraschungen zu erleben oder um vorzuselektieren, informieren sich heutzutage immer mehr Bewerber im Vorfeld ausführlich über den Arbeitgeber. Das Internet ist hierfür als Informationsquelle prädestiniert. Das wohl bekannteste Online-Bewertungsportal ist kununu. Laut eigenen Angaben ist kununu derzeit mit rund 1,5 Millionen Bewertungen zu 300.000 Unternehmen die größte Arbeitgeber-Bewertungsplattform in Europa. Aktuelle und ehemalige Mitarbeiter, Bewerber und Auszubildende bewerten dort Unternehmen unter anderem in den Kategorien Arbeitsbedingungen, Karrierechancen und Gehalt. Gleichzeitig bietet es Unternehmen eine unverzichtbare Plattform, um sich als attraktiver Arbeitgeber zu präsentieren und ihre Stärken und Vorteile aktiv zu kommunizieren.[40]

Die 2007 gegründete Plattform, welche 2013 von der XING AG übernommen wurde, bietet Unternehmenskunden mittlerweile sogenannte Employer Branding Pakete für die zwei größten Karriereplattformen im deutschsprachigen Raum an: XING und kununu.[41] Diese bieten ihren Kunden in erster Linie die Möglichkeit der Erstellung eines ausführlichen Unternehmensprofils auf beiden dieser Plattformen. Damit ist es ihnen möglich, ihr Unternehmen mit einer Beschreibung und einem Logo sowie Fotos und Videos oder ihren erhaltenen Gütesiegeln zu präsentieren, um sich so von anderen Unternehmen abzuheben. Durch die Platzierung frei wählbarer Schlagwörter kann dadurch auch eine gewisse Suchmaschinenoptimierung (SEO) vorgenommen werden, wodurch die Auffindbarkeit des Unternehmens in Suchmaschinen verbessert wird. Ebenso können die auf den jeweiligen Plattformen angemeldeten Mitarbeiter mit dem Unternehmen verlinkt wer-

---

[39] Vgl. Immerschitt, W.: Employer Branding in KMU, S. 49

[40] Vgl. https://www.kununu.com/at/kununu

[41] Vgl. https://recruiting.xing.com/de/e-recruiting-loesungen/employerbranding/

den und die Arbeitgeber haben die Möglichkeit beispielsweise Neuigkeiten oder aktuelle Stellenanzeigen zu „posten". Daneben bieten XING und kununu für Unternehmen mit einem Unternehmensprofil ein kostenloses Online-Produkttraining für eine erfolgreiche Nutzung und ein zielgerichtetes Employer Branding an.[42]

Dies und die generell einfache Nutzerhandhabung und gute Kundenbetreuung stellen speziell für kleine und mittelständische Unternehmen ohne Spezialisten im Bereich Online Recruiting eine einfache Möglichkeit dar, professionelles Online-Personalmarketing zu betreiben. Da in vielen KMU oftmals ein großer Fokus auf die Rekrutierung von Auszubildenden gelegt wird, wird für diese Zielgruppe auch ein spezielles Ausbildungs-Profil angeboten, das preislich ca. 50% unter dem Standard-Unternehmensprofil liegt.

Bei Inanspruchnahme eines dieser Angebote wird zunächst eine Einrichtungsgebühr fällig. Zusätzlich ist ein bestimmter monatlicher Betrag für das Abonnement zu entrichten, welcher sich an der Mitarbeiterzahl des Unternehmens orientiert. Tabelle 2 zeigt die Staffelung der zu entrichtenden Beträge für die jeweiligen Profile:

Mitarbeiterzahl	Employer Branding Profil	Ausbildungs-Profil
1 - 199	395€/ mtl.	200€/ mtl.
200 - 499	495€/ mtl.	300€/ mtl.
500 - 999	895€/ mtl.	400€/ mtl.
1.000 - 4.999	395€/ mtl.	600€/ mtl.
Ab 5.000	1.095€/ mtl.	800€/ mtl.

Tabelle 2 Preistabelle XING und kununu [43]

---

[42] Vgl. https://recruiting.xing.com/uploads/components/update_360/produktunterlagen/ produkteinleger/de/XING_EmployerBrandingProfil_DE.pdf

[43] Eigene Tabelle, vgl. https://www.kununu.com/de/ unternehmen/ preise, zugegriffen am 23.06.2017

Möchte man als KMU in das digitale Personalmarketing investieren, kann es durchaus zielführend sein, eines dieser Angebote zu nutzen. Speziell für das Employer Branding bietet es eine einfache Möglichkeit, Werbung für das eigene Unternehmen zu verbreiten. Zusammen mit dem Zugriff auf zahlreiche Recruitingfunktionen des größten deutschsprachigen Karrierenetzwerks XING deckt man bereits ein großes Spektrum im Bereich des Personalmarketings und der Online-Bewerbersuche ab. Allerdings muss man als Unternehmer selbst abwägen, ob die laufenden Kosten in Relation zum damit erzielten Ergebnis stehen. Für Kleinstunternehmen mit bis zu 10 Mitarbeitern wird sich eine solche Investition aufgrund der geringen Zahl der jährlich zu besetzenden Stellen sicherlich wenig rechnen, wohingegen es für manch kleines und mittleres Unternehmen durchaus rentabel sein kann.

Ein weiteres wichtiges Instrument des Personalmarketings sind die veröffentlichten Stellenanzeigen selbst. Sie sind – ob gedruckt oder digital – nach wie vor ein zentrales Instrument der Personalgewinnung. Neben der konkreten Funktion der Werbung um das knappe Gut hochqualifizierter Fach- und Führungskräfte, erfüllt sie auch andere Funktionen wie z. B. das Employer Branding.[44] In erster Linie geschieht dies über ein einheitliches und unternehmensspezifisches Design, dem sogenannten „Corporate Design". Das Corporate Design ist Teil der Corporate Identity eines Unternehmens. Für das Personalmarketing und Recruiting versucht man hierbei mittels Farben, Schriftarten und grafischen Elementen, aber auch durch den Einsatz typischer sprachlicher Elemente und einem unverwechselbaren Sprachstil, identitätsstiftend zu wirken. Dadurch soll beim Bewerber ein gewisser Wiedererkennungswert sowie ein positives Bild des Unternehmens geschaffen werden.[45]

4.3 Unternehmenshomepage

Unternehmen sehen die eigene Webseite als Einstieg für die Personalbeschaffung im Internet. Eine Vielzahl von Unternehmen veröffentlicht ihre externen Stellenausschreibungen auf der Unternehmenshomepage. Besonders bekannte Großunternehmen profitieren von einer Internetpräsenz, da potenzielle Bewerber

---

[44] Vgl. Nielsen, M. et al.: Stellenanzeigen als Instrument des Employer Branding in Europa, S. 11ff.

[45] Vgl. Birkigt, K. et al.: Corporate Identity, S. 11ff.

dadurch bereits einige Informationen über das Unternehmen einsehen können und sich so direkt mit den Angeboten auseinandersetzen. Einige Unternehmen haben dazu eine zusätzliche Karriereseite eingerichtet, welche ein Bewerber über einen Link auf der Unternehmenshomepage aufruft. Kleinere Unternehmen müssen sich im Voraus als attraktiver Arbeitgeber präsentieren und die potenziellen Bewerber auf die Internetseite aufmerksam machen. Die Struktur von modernen Seiten ist dabei meist sehr ähnlich. Im weiteren Verlauf werden vor allem der Aufbau, Inhalt, wichtige Funktionen sowie die Erfolgsfaktoren einer Karrierewebseite dargestellt.[46]

4.3.1 Gestaltung des Karrierebereiches

Heutzutage besucht fast jeder Bewerber vor einer Bewerbung oder während des Bewerbungsprozesses die Homepage des Unternehmens. Dementsprechend wichtig ist folglich deren Gestaltung. Die Website sollte idealerweise so aufgebaut sein, dass man mit einem Klick direkt von der Einstiegsseite zum Karrierebereich gelangt. Die potenziellen Bewerber sollen also auf den ersten Blick einen Link finden, der sie zum Bewerberbereich führt. Typische Bezeichnungen für diese Links sind: „Karriere", „Stellen" oder „Jobs". Die Bezeichnung Karriere bietet sich insbesondere bei umfangreicheren Informationsseiten an.[47]

Nachdem die Bewerber auf den Link geklickt haben, sollten sie alle relevanten Informationen überblicken können und idealerweise auch bereits die aktuellen Stellenangebote sehen. Je nach Größe des Unternehmens und den Ressourcen, die es in diesen Bereich investieren kann, erhält der Karrierebereich unterschiedliche Elemente. Der wichtigste Bereich für die Bewerber sind die offenen Stellen und sollte deshalb nicht hinter vielen Links versteckt sein. Für Unternehmen, die mehr als ein Dutzend Stellen ausgeschrieben haben, sollte es eine einfache Suchmöglichkeit geben. Für Besucher, die keine passende Stelle gefunden haben oder sich noch in einer unkonkreten Suchphase befinden, bietet sich ein Jobabonnemt an. Durch die Auswahl eigener Suchkriterien und die Hinterlegung der eigenen E-Mail-Adresse erhält der Bewerber automatisch passende neue Stellenangebote zugesandt. Größere Unternehmen platzieren darüber hinaus oftmals Verlinkungen für verschiedene Zielgruppen wie beispielsweise für Schüler, Auszubildende,

---

46 Vgl. Schneider, S.: Social Media – der neue Trend in der Personalbeschaffung, S. 19f.

47 Vgl. Hermann, A.: Personal gewinnen mit Social Media, S. 61f.

Studierende, oder Berufseinsteiger, sodass diese sich zielgruppenspezifisch informieren und die bereitgestellten Informationen mit ihren Vorstellungen vergleichen können. Die Bewerber möchten sich darüber hinaus ein Bild davon machen, mit wem sie zusammenarbeiten werden, was für viele Kandidaten ein wichtiges Entscheidungskriterium darstellt. Viele Websites veröffentlichen deshalb bereits Bilder und Kurzlebensläufe der Geschäftsleitung. Wichtig sind jedoch auch die Stimmen der „normalen" Mitarbeiter. Des Weiteren sind für die Besucher von Karriereseiten auch Informationen über das Unternehmen von Bedeutung. Dazu zählen beispielsweise aktuelle Neuigkeiten, wirtschaftliche Kennzahlen und Eckdaten, die Unternehmensgeschichte sowie Werte und Überzeugungen.[48] Da mobile Endgeräte weiter auf dem Vormarsch sind und deren Zugriffszahlen auf Internetseiten die Computer mittlerweile eingeholt haben, ist es nicht zuletzt sehr wichtig, die eigene Homepage bzw. Karriereseite so zu programmieren, dass sie von Mobilgeräten aus abrufbar und gut zu bedienen ist.

Viele größere Unternehmen mit hohem Bewerbungsaufkommen verwenden auch Online-Bewerbungssysteme auf ihren Websites. Die Bewerber tragen hierbei ihre Informationen in speziellen Masken ein oder wählen diese aus. Dateien wie Zeugnisse und Fotos können entsprechend auf die Seite hochgeladen werden. Dadurch können Unternehmen die Formularbewerbungen in standardisierter Form sammeln und miteinander vergleichen oder die Bewerber entsprechend über geeignete Stellen informieren. Für kleine und mittlere Unternehmen sind Online-Bewerbungssysteme jedoch weniger geeignet. Laut der Studie „Recruiting-Trends im Mittelstand 2015" bevorzugten im Jahr 2014 lediglich 6,6 % der befragten mittelständischen Unternehmen eine Formularbewerbung. 2011 lag dieser Wert noch bei 11,9 %.[49] Obgleich diese Bewerbungsform einige Vorteile hinsichtlich einfacher Auswertbarkeit und Vergleichbarkeit sowie der Kosten für die Unternehmen mit sich bringt und auch für die Bewerber Vorteile wie der klaren Eingabe und des oftmals abrufbaren Bewerbungsstatus entstehen, gibt es auch einige Nachteile: So laufen Unternehmen immer Gefahr, dass Informationen über die Bewerber verloren gehen oder fehlerhaft sind. Außerdem sind die einzelnen Bewerbungen bzw. Kandidaten hinsichtlich Kreativität oder Ordnung nicht mehr miteinander vergleichbar. Dies kann dazu führen, dass es aufgrund der Auswahl

---

48 Vgl. Hermann, A.: Einsichten zu Social Media Recruiting, S. 40f.
49 Vgl. Weitzel, T. et al.: Recruiting Trends im Mittelstand 2015, S. 7

bestimmter Kriterien zur Ablehnung eines eigentlich geeigneten Bewerbers kommen kann. Die Interessenten selbst meiden diese Art der Bewerbung aufgrund des Zeitaufwandes darüber hinaus nicht selten, weshalb Online-Bewerbungssysteme für kleine und mittelständische Unternehmen nicht zu empfehlen sind.[50]

4.3.2 Erfolgssteigerung durch Suchmaschinenmarketing

Wie in Kapitel 5 (Abbildungen 2 und 3) dargestellt, ist bei mittelständischen Unternehmen sowohl bei den veröffentlichten Vakanzen als auch bei den tatsächlich generierten Einstellungen über verschiedene Kanäle die Rekrutierung über die unternehmenseigene Webseite der Spitzenreiter. Für diese im Internet veröffentlichten Stellen bietet das Suchmaschinen-Marketing eine vielversprechende Chance, die Aufrufe der Anzeigen bzw. der Unternehmens-Website zu erhöhen und so den Rekrutierungserfolg zu steigern. Im nachfolgenden Abschnitt werden deshalb die wichtigsten Elemente und die Funktionsweise hinsichtlich des Marktführers Google erläutert.

Suchmaschinen, insbesondere der in Deutschland marktführende Anbieter Google, sind für eine große Anzahl von Internetnutzern der Einstig in das Internet. Deshalb bewerben eine große Anzahl von Unternehmen ihre Produkte, Dienstleistungen oder Stellenanzeigen direkt in den Suchergebnissen, die mit den Suchbegriffen in Verbindung stehen. Das Suchmaschinenmarketing (engl. Search Engine Marketing [SEM]) ist der Oberbegriff für Online-Marketing-Maßnahmen in Bezug auf Suchmaschinen. Es ist hauptsächlich in die zwei Teilbereiche der eigentlichen Suchmaschinenwerbung (engl. Search Engine Advertising [SEA]) und der Suchmaschinenoptimierung (engl. Search Engine Optimization [SEO]) unterteilt.[51]

Suchmaschinenwerbung oder auch Keyword-Advertising bezeichnet dabei die entgeltliche Schaltung von Werbeanzeigen in einer Suchmaschine. Aufgrund der Marktmacht von Google in Deutschland ist SEA fast gleichzusetzen mit Googles Werbesystem AdWords. Jede dieser Anzeigen ist mit einem Link zu einer bestimmten Webseite oder zu einer bestimmten Seite (Landing-Page) verknüpft. Ferner ist die Anzeige mit speziellen Suchworten, sogenannten Keywords, ver-

---

[50] Vgl. Regnet, E.: Skript Personalauswahl, S. 36ff.

[51] Vgl. Lammenett, E.: Praxiswissen Online-Marketing, S. 135

knüpft, sodass die Anzeige nur erscheint, wenn eine Suchanfrage mit den festgelegten Keywords in Zusammenhang steht.[52]

Einen anderen Ansatz verfolgt die Suchmaschinenoptimierung. Unter SEO versteht man traditionell alle Maßnahmen, die dazu geeignet sind, eine bessere Platzierung auf den Suchergebnisseiten zu erreichen. Diese werden vor allem in Onpage- und Offpage-Maßnahmen unterschieden. Dabei umfasst die Onpage-Optimierung alle inhaltlichen Anpassungen der eigenen Webseite. Es werden Inhalt, die äußere Form sowie die interne Linkstruktur und die platzierten Keywords einer Seite so optimiert, dass diese ein bestmögliches Ranking in der automatisierten Google-Bewertung erhält. Nach dieser Maßnahme erfolgt im Regelfall erst die Offpage-Optimierung. Darunter versteht man Maßnahmen, die nicht auf der eigenen, sondern auf dritten Webseiten durchgeführt oder initiiert werden. Der Hintergrund ist auch hier die Tatsache, dass Suchmaschinen Webseiten höher bewerten, wenn häufig auf diese verwiesen wird. Bei Google und Co. werden Seiten, die häufig per Links empfohlen werden, qualitativ besser bewertet. Meist wird bei der Offpage-Optimierung nach thematisch passenden Internetseiten gesucht, um diese für eine „Linkpartnerschaft" zu gewinnen.[53]

SEO und SEA werden immer mehr als Bestandteil einer ganzheitlichen Strategie gesehen und nicht mehr als Einzeldisziplin. Die fortschreitende Marketingkonvergenz fordert von Suchmaschinenoptmierern in zunehmendem Maße ein immer größeres Fachwissen in unterschiedlichen Kontaktdisziplinen. Dem kommen weitere Faktoren wie die hohe Taktzahl bei den Updates des Google-Algorithmus hinzu. Mittlerweile macht Google fast monatlich ein neues Update. Deshalb ist es zunehmend schwierig, einzelne Wirkungszusammenhänge von SEO-Maßnahmen zu erkennen und in ein produktives Ergebnis umzusetzen. In Anbetracht dieser Tatsachen und aufgrund der allgemein hohen Komplexität dieser Thematik ist für die meisten Unternehmen, vor allem aber solche ohne eigene Experten auf diesem Gebiet, eine Auslagerung an Agenturen, die die ständige Betreuung und Aktualisierung der SEM-Maßnahmen übernehmen, dringend zu empfehlen.[54]

Speziell für das Recruiting bzw. Personalmarketing gibt es auch die Möglichkeit direkt Stelleninserate zu bewerben. Bei Google AdWords legt man dabei zunächst

---

52   Vgl. Lammenett, E.: Praxiswissen Online-Marketing, S. 143

53   Vgl. Lammenett, E.: Praxiswissen Online-Marketing, S. 179ff.

54   Vgl. Lammenett, E.: Praxiswissen Online-Marketing, S. 179ff.

einen Betrag fest, den man pro Klick bzw. Seitenaufruf bezahlen möchte. Die Höhe des Klickbudgets wird anschließend mit dem persönlichen Ranking der Seite multipliziert, was letztendlich die Position der Anzeige in Googles Werbebereich ausmacht. Auch hier lassen sich klare Suchbegriffe festlegen, zu denen die Werbung angezeigt werden soll. Wichtig sind dabei vor allem ein guter und klarer Anzeigentext. Möchte man dagegen als durchschnittlicher kleiner oder mittelständischer Arbeitgeber ohne bezahlte Werbung in Suchmaschinen von potenziellen Bewerbern gefunden werden, dürfte dies schwierig werden. Sofern man kein äußerst spezifisches Stellenprofil hat, muss man nämlich gegen die große Konkurrenz durch Jobplattformen und ähnliche Anbieter ankämpfen, die ebenfalls eine Bestplatzierung anstreben.[55]

4.4 Internet-Stellenbörsen

4.4.1 Definition und Funktionsweise

Eine Internet-Stellenbörse bzw. Jobbörse/Jobportal oder Jobsuchmaschine ist ein Stellenmarkt im Internet, auf dem verschiedene Unternehmen ihre Stellenausschreibungen und – soweit angeboten – ein Firmenprofil veröffentlichen können, um dadurch idealerweise neue Mitarbeiter zu gewinnen. Den Jobsuchenden werden dabei dank einer speziellen Such- und Matching-Technologie möglichst passende Stellenangebote anhand der eingegebenen Suchkriterien angezeigt. In vielen Fällen wird von den Jobbörsen darüber hinaus eine sog. Lebenslaufdatenbank angeboten, in der Unternehmen aktiv nach Lebensläufen suchen und potenzielle Kandidaten kontaktieren können. Man unterscheidet grundsätzlich zwischen allgemeinen, regionalen und Nischen- bzw. branchenspezifischen Jobportalen sowie den kommerziellen, die den Unternehmen ihre Produkte berechnen und den nicht-kommerziellen, welche neben der kostenfreien Veröffentlichung von Stellenanzeigen kostenpflichtige „Premium-Services" anbieten, um beispielsweise die Reichweite der Anzeigen zu erhöhen.[56]

Online-Stellenbörsen bilden für Unternehmen einen der wichtigsten Kanäle zur Veröffentlichung ihrer Vakanzen.[57] Laut einer Umfrage des Statistischen Bundes-

---

[55] Vgl. Lammenett, E.: Praxiswissen Online-Marketing, S. 133ff.
[56] Vgl. Dannhäuser, R.: Praxishandbuch Social Media Recruiting, S. 34
[57] Vgl. Weitzel, T. et al.: Recruiting Trends im Mittelstand 2015, S. 8

amtes werden Jobportale, also Jobbörsen und -suchmaschinen von 92 Prozent der befragten Unternehmen und damit noch häufiger als die eigene Karriereseite (87 Prozent) genutzt.[58] Auch für die Bewerber sind Jobbörsen meist die erste Wahl. Gerade im Kampf um Fachkräfte spielen sie eine zentrale Rolle, was die Auffindbarkeit der Unternehmen als Jobanbieter angeht. Sie agieren praktisch als zielgruppenspezifische Reichweitenverstärker im Auftrag ihrer Anzeigenkunden. Um dieses Ziel zu erreichen, nutzen große Online-Jobbörsen meist Reichweitenaktivitäten in vier verschiedenen Kategorien. Eine davon sind die Zielgruppen-Channels, welche die Anbieter neben ihren Hauptseiten im Internet für verschiedene Bewerbersegmente betreiben. Die Stellenbörsen sorgen dafür, dass Bewerber bestimmter Segmente sich direkt angesprochen fühlen und die gewählte Jobbörse als kompetenten Service im Internet wahrnehmen. Darüber hinaus setzten viele größere Jobbörsen auch auf ein Netzwerk an Medienpartnern – sowohl auf regionalen und überregionalen Publikums- und Entscheidermedien als auch auf Fachmedien. Dabei werden die Reichweiten von Online- und Printmedien der einzelnen Titel meist kombiniert. Natürlich betreiben die Anbieter auch klassische Werbung online sowie offline. Ob auf Plakatwänden, in Radio, Fernsehen, gedruckten Medien oder im Internet: Große Jobbörsen werben derzeit stark um die Gunst attraktiver Bewerberinnen und Bewerber. Daneben spielt die Kategorie der Suchmaschinenoptimierung eine wichtige Rolle. Online-Jobbörsen investieren große Summen in die Suchmaschinenwerbung (SEA) und –optimierung (SEO), um so die Reichweite ihrer eigenen Stellenmärkte und damit die Klicks und Bewerbungen auf die Anzeigen ihrer Kunden zu erhöhen.[59]

4.4.2 Die wichtigsten Stellenbörsen in Deutschland

Unter den verschiedenen Stellenbörsen im Internet gibt es laut aktuellen Untersuchungen von ONLINE-recruiting.net einen klaren Marktführer: stepstone.de. Mit mehr als 38 Prozent Marktanteil ist es das größte Jobportal Deutschlands. Dahinter finden sich monster.de mit etwa 9 Prozent, hotelcareer.de mit 7,5 Prozent, stellenanzeigen.de mit knapp 7 Prozent und careerbilder.de mit 6 Prozent sowie viele weitere kleine Anbieter wieder.[60] Beim Marktführer stepstone.de

---

[58] Vgl. https://de.statista.com/statistik/daten/studie/241995/umfrage/relevanz-von-personalbeschaffungskanaelen-deutscher-firmen/

[59] Vgl. Beck, C.: Personalmarketing 2.0, S. 100ff.

[60] Vgl. http://blog.online-recruiting.net/die-top-15-jobboersen-deutschlands-im-mai-2016/

kann man als Unternehmen ab 920€ eine selbst gestaltete Stellenanzeige 30 Tage lang inserieren. Für das Premiumpaket mit weiteren Möglichkeiten zur Erfolgssteigerung muss man 1.695€ bezahlen. Die Mengenrabatte fallen eher gering aus. Daneben gibt es zahlreiche kostenpflichtige Produkte für das Employer Branding.[61] Kleinere Unternehmen mit beschränktem Recruitingbudget werden sich angesichts solcher Preise wohl genau überlegen in welchen Rekrutierungskanal sie investieren. In der Praxis wird man deshalb wohl nur bei schwer zu besetzenden Stellen auf eine solche Inserierung zurückgreifen. Zudem hat man dadurch immer noch keine Sicherheit die offene Position zu besetzen, obwohl laut Umfragen ca. 50 Prozent der inserierten Stellen besetzt werden (Vgl. Kapitel 5, Abbildungen 2 und 3).[62]

4.5 Karrierenetzwerke

4.5.1 Abgrenzung und Definition

Soziale Netzwerke gewinnen im Bewerbermarketing zunehmend an Bedeutung, insbesondere für jüngere Zielgruppen. Nutzer verbringen viel Zeit in sozialen Netzwerken, einige Zielgruppen sogar mehr Zeit als beim Lesen oder Fernsehen.[63] Diese Netzwerke lassen sich grundsätzlich in die Bereiche der fachlichen Netzwerke (z. B. Foren zu bestimmten Themen), privaten Netzwerke (z. B. Facebook) und die geschäftlichen Netzwerke wie XING und LinkedIn unterteilen. Letztere dienen vor allem beruflichen Zwecken. Teilnehmer hinterlegen dort ihre Berufserfahrungen und Kenntnisse und nutzen das Netzwerk für ihre beruflichen Aufgaben und ihre Karriere. Die Netzwerke dienen der beruflichen Kontaktanbahnung und dem Kontakthalten unter Geschäftspartnern und bieten die Möglichkeit, dass Teilnehmer explizit deklarieren, an welcher Art von Kontakten sie interessiert sind und was sie selbst anbieten.[64]

Karrierenetzwerke bieten Unternehmen neben den im vorherigen Kapitel erläuterten Internet-Stellbörsen einen entscheidenden Vorteil. Im Gegensatz zu den Jobbörsen die ausschließlich zum Zweck der Jobsuche genutzt werden und somit von vornherein nur eine limitierte Zielgruppe ansprechen, bieten Karrierenetz-

---

61 Vgl. https://www.stepstone.de/5/ecom/
62 Vgl. Weitzel, T. et al.: Recruiting Trends im Mittelstand 2015, S. 8f.
63 Vgl. Arnold, H.: Einsichten zu Social Media Recruiting, S. 217
64 Vgl. Arnold, H.: Einsichten zu Social Media Recruiting, S. 81f.

werke Recruitern auch Zugang zu Personen, die nicht aktiv auf Jobsuche sind (latent Jobsuchende).

Diese Netzwerke zählen genau genommen zu den sozialen Medien. Jedoch werden sie aufgrund ihrer hohen Relevanz im Recruiting in diesem Kapitel gesondert betrachtet. Im folgenden Abschnitt werden die zwei wichtigsten Karrierenetzwerke XING und LinkedIn vorgestellt, wobei die Angebote von XING, als Marktführer im deutschsprachigen Raum, näher erläutert werden.

4.5.2 XING und LinkedIn im Vergleich

Die wichtigsten Karrierenetzwerken in Deutschland sind neben mehreren kleinen Anbietern zwei große Marktteilnehmer: XING und LinkedIn. LinkedIn, das vergangenes Jahr von Microsoft übernommen wurde, ist mit über 500 Millionen Mitgliedern in mehr als 200 Ländern das weltweit größte webbasierte Berufsnetzwerk der Welt.[65] Im deutschsprachigen Raum ist momentan noch XING die beliebteste Karriereplattform, wobei sich ihre Seitenaufrufzahlen in Deutschland mittlerweile auf einem ähnlichen Niveau befinden.[66] Für das Recruiting bieten die beiden Netzwerke grundsätzlich sehr ähnliche Leistungen an. Neben den Möglichkeiten für das Employer Branding bei XING (Vgl. 4.2.2) gibt es auch bei LinkedIn Möglichkeiten wie die Erstellung einer Unternehmensseite mit dazugehörigen Statistiken, das Knüpfen von Kontakten oder der Suche nach bestimmten Mitarbeitergruppen. Die Standard-Mitgliedschaft ist für Unternehmen auch hier bei eingeschränktem Funktionsumfang kostenfrei. XING bietet mit seinem Employer Branding Profil für Unternehmen einen vollen Funktionsumfang, auch für die Partnerplattform kununu, an. Die Preise richten sich hierbei nach der Mitarbeiterzahl des Unternehmens (Vgl. Tabelle 2). Ferner gibt es auch beim weltgrößten Talentpool LinkedIn verschiedene Premiumprodukte. Für das Recruiting sind vor allem die Varianten „Recruiter" und „Recruiter Lite" interessant. Während die Recruiter Lite Version eher eine etwas erweiterte Premiumvariante ist, bietet die eigentliche Recruiter Lösung eine eigenständige Oberfläche mit vielen zusätzlichen Features.[67] Tabelle 3 zeigt die wichtigsten Unterschiede zwischen den beiden Varianten. Bei LinkedIn muss man grundsätzlich für jede Mail auf der Platt-

---

[65] Vgl. https://press.linkedin.com/de-de/about-linkedin?trk=uno-reg-guest-home-about

[66] Vgl. https://recruiting.xing.com/de/e-recruiting-loesungen/employerbranding/

[67] Vgl. https://linkedinsiders.wordpress.com/tag/recruiting/

form bezahlen. Mit dem Recruiter Konto sind bis zu 150 monatliche Nachrichten inbegriffen, wohingegen es bei der Lite Variante lediglich 30 sind. Ebenso können hier keine Nachrichten an mehrere Kandidaten gleichzeitig gesendet werden. Der Hauptunterschied zwischen den beiden Varianten ist jedoch, dass die Recruiter Lite Variante bei der Suche nach Kandidaten auf das persönliche Netzwerk des Nutzers begrenzt ist und nur Personen anzeigt, die bis zum dritten Grad (sog. Freundesfreunde) verbunden sind. Im Gegensatz dazu sind bei XING alle Profile vollständig einsehbar.[68] Bei der umfangreicheren Recruiter-Lösung gibt es diese Begrenzung nicht. Darüber hinaus hat man damit die Möglichkeit ähnliche Personen wie die aufgerufenen Kandidaten anzeigen zu lassen und man erhält Zugriff auf eine spezielle grafische Oberfläche für die Rekrutierung. Die Lizenzen unterscheiden sich zwischen einer Einzellizenz und einer Unternehmenslösung bei der mehrere Personen gleichzeitig Zugriff auf das Netzwerk haben.[69]

Tabelle 3 stellt die wichtigsten Unterschiede der Varianten „Recruiter" und „Recruiter Lite" von LinkedIn, dar:

Kriterien	Recruiter Lite	Recruiter
Anzahl der InMails im Monat	30	150
InMails an mehrere Kandidaten	Nein	Ja
Mögliche Suchfilter	22	43
Begrenzung der Suche auf...	Netzwerk 3. Grad	Keine
Eigene grafische Oberfläche	Nein	Ja
Teamunterstützung	Nein	Ja
„Ähnliche Leute" finden	Nein	Ja
Lizenzart	Einzellizenz	Unternehmenslösung

Tabelle 3 Recruiter und Recruiter Lite im Vergleich [70]

---

[68] Vgl. Dannhäuser, R.: Praxishandbuch Social Media Recruiting S.123
[69] Vgl. https://linkedinsiders.wordpress.com/tag/recruiting/
[70] Eigene Tabelle, vgl. https://linkedinsiders.wordpress.com/tag/recruiting/, zugegriffen am 23.07.2017

Die Kosten für eine solche Mitgliedschaft belaufen sich für das Recruiter Lite Paket auf 89,95€ pro Monat bzw. 74,95€ bei jährlicher Zahlung. Für die eigentliche Recruiter Lösung muss man 699,99€ bzw. 574,99€ monatlich bezahlen.[71] Die Preisspanne für den vollen Funktionsumfang bei XING reicht hingegen je nach Unternehmensgröße von 395€ bis 1.095€.[72]

In beiden Karrierenetzwerke ist es darüber hinaus möglich Stellenanzeigen zu erstellen und zu veröffentlichen. XING bietet hierbei verschiedene Varianten an. Diese reichen von Gratis Stellenanzeigen, die von externen Quellen im XING Stellenmarkt angezeigt werden, jedoch einen limitierten Funktionsumfang besitzen, bis hin zur Stellenanzeige „Professional+", welche alle verfügbaren Maßnahmen zur Erfolgssteigerung beinhaltet und 795€ für 30 Tage Veröffentlichung kostet. Bei der Anzeige „Professional" fehlt die Funktion einer Videoeinbindung, was diese 200€ günstiger macht. Die Kosten für eine Standardanzeige betragen 395€. Diese schließt zusätzlich die Möglichkeit des Layouts gemäß des Corporate Designs aus. Darüber hinaus gibt es „Campus-Stellenanzeigen", die mit lediglich 45€ für 90 Tage zu Buche schlagen, und speziell auf die Zielgruppe der Studenten und Praktikanten ausgerichtet ist. Alle Stellenanzeigen beinhalten die Auffindbarkeit im Stellenmarkt von XING und kununu sowie den Zugang zum XING Jobmanager, der den Unternehmen die Möglichkeit bietet genau nachzuverfolgen, wie erfolgreich ihre Stellenanzeigen auf XING sind.[73] Beim Konkurrenten LinkedIn kostet eine 30-tägige Stellenanzeige in Deutschland aktuell 219,99€, wobei es keine unterschiedlichen Varianten gibt. Allerdings bietet das Unternehmen Rabattstaffeln an, wodurch der Preis pro Anzeige beim Kauf von fünf Jobanzeigen nur noch 174,99€ beträgt sowie 129,99€ beim Kauf von zehn Anzeigen. Ab dem Kauf behalten diese für ein Jahr ihre Gültigkeit. Um die Erfolgschancen zu steigern, gibt es auch bei LinkedIn die Möglichkeit des Sponsorings bzw. der Bewerbung der Anzeige. Dabei können die Recruiter unter Angabe eines Gesamtbudgets für jeden Klick aus der gewünschten Zielgruppe einen bestimmten Betrag festlegen, um damit zusätzlichen Traffic auf ihren Jobanzeigen zu erzeugen.[74]

---

[71] Vgl. https://linkedinsiders.wordpress.com/tag/recruiting/

[72] Vgl. https://www.kununu.com/de/ unternehmen/ preise

[73] Vgl. https://recruiting.xing.com/uploads/downloads/
150824_XING_Produkteinleger_Stellenanzeigen_DE_EUR.pdf

[74] Vgl. https://linkedinsiders.wordpress.com/2017/02/06/stellenanzeige-bei-linkedin-aufgeben/

Den Hauptunterschied der beiden Netzwerke stellen jedoch die darin teilweise sehr unterschiedlich vertretenen Zielgruppen dar. Auch wenn die demografischen Daten hinsichtlich Alter und Geschlecht nur graduell voneinander abweichen, zeigen sich einige grundsätzliche Differenzen: In Branchen, in denen die Verwendung der deutschen Sprache wichtig ist, wie z. B. Banken & Versicherungen, Medien, Beratungen oder Dienstleistungen, weist LinkedIn prozentual einen deutlich geringeren Anteil an Mitgliedern als XING auf. Die bei LinkedIn am stärksten vertretenen Branchen sind IT/ Telekommunikation mit ca. 20%, die Industrie mit rund 16% und der Finanzbereich mit 8%. Folglich kann gesagt werden, dass Unternehmen die international nach Fach- oder Führungskräften suchen, primär auf LinkedIn zurückgreifen werden. Für die Rekrutierung von deutschsprachigen Mitarbeitern, was der Hauptfokus der Mehrheit kleiner und mittelständischer Unternehmen sein dürfte, stellt XING die erfolgversprechendere Variante dar.[75]

4.6 Klassische soziale Medien

4.6.1 Abgrenzung und Definition

Neben dem klassischen Recruiting und den in den vorherigen Kapiteln vorgestellten Online-Plattformen gibt es für Unternehmen noch zahlreiche weitere Möglichkeiten im Bereich Social Media, die für das Personalmarketing und Recruiting genutzt werden können. Bernd H. Rath und Sonja Salmen beschreiben in ihrem Werk „Recruiting im Social Web" den Begriff „Social-Media-Recruiting" (SMR) oder auch „Social Recruiting" als Personalgewinnung auf HR-relevanten Social Media-Plattformen wie Facebook, XING, LinkedIn, YouTube, Communitys, Arbeitgeberbewerbungsportalen, Foren und dem Microblogging-Dienst Twitter. Eine zentrale Erfolgsgröße ist dabei, dass Mitarbeiter direkt eingebzogen werden, indem sie potenziellen Bewerbern persönliche Erfahrungen und Eindrücke aus ihrem Berufsalltag schildern. SMR kann als Spielart des digitalen Recruitings verstanden werden und bei richtiger Integration in eine Employer-Branding-Strategie zum Aufbau sowie dem Erhalt der Arbeitgeberattraktivität beitragen. Darüber hinaus wird dadurch auch ein wichtiger Beitrag zur Optimierung des internen und externen Personalmarketings geleistet.[76]

---

[75] Vgl. Dannhäuser, R.: Praxishandbuch Social Media Recruiting S.122

[76] Vgl. Rath, B., Salmen, S.: Recruiting im Social Web, S. 36

Da die Karrierenetzwerke XING und LinkedIn (welche genau genommen auch zu den sozialen Medien zählen) bereits im vorherigen Kapitel näher erläutert wurden, beschäftigt sich der folgende Teil mit den klassischen sozialen Medien, also jenen, die nicht ausschließlich dem Zweck der Mitarbeitervermittlung und des Personalmarketings dienen.

4.6.2 Klassische soziale Medien im Vergleich

Hört man die Worte „Social Media", denken die meisten Leute wohl zunächst an Facebook. Wohlgemerkt ist Facebook auch weiterhin das mitgliederstärkste soziale Netzwerk in Deutschland. Auch für die Arbeitgebermarke ist eine eigene Fanpage mittlerweile selbstverständlich. Die Zahl der Karriere-Fanpages steigt unaufhörlich und auch kleine und mittelständische Unternehmen sind vermehrt mit eigenen Präsenzen vertreten. Employer Branding, Personalmarketing und Recruiting auf Facebook bedeutet eine Vielzahl von Chancen und Möglichkeiten wie einer lockeren Führung eines Talentpools, einfache Kommunikation von Events und die überall mitschwingende Erwartungsbildung an die eigene Marke.[77] Warum Facebook auch sehr gut zu mittelständischen Unternehmen passt, liegt auf der Hand. Im Gegensatz zu Großunternehmen haben sie einen entscheidenden Vorteil als Arbeitgeber: Sie pflegen einen sehr persönlichen und kollegialen Umgang mit den Mitarbeitern. Häufig ist die Belegschaft eine große Familie – und das nicht nur in Familienunternehmen. Auf Facebook lassen sich genau diese Stärken besonders gut zur Geltung bringen. Ein persönlicher Umgang mit den Fans, personalisierte Posts, schnelle Antworten und individuelle Einblicke in die Unternehmens- und Arbeitswelt sind dabei das Erfolgskonzept.[78] Außerdem lässt sich durch ansprechend gestaltete Videos oder Beiträge gezielt die für kleinere Unternehmen wichtige Zielgruppe der Nachwuchskräfte ansprechen. Jedoch liegt Facebook laut einer aktuellen Studie von Staufenbiel (Vgl. Abbildung 1) bei der Nutzung sozialer Kanäle mit 72 Prozent nur auf Platz zwei hinter dem Karrierenetzwerk XING (88 Prozent). Dahinter folgen die Arbeitgeberbewertungsplattform kununu mit 69 Prozent, das amerikanische Karrierenetzwerk LinkedIn mit 60 Prozent sowie YouTube und Twitter mit 50 und 40 Prozent.[79]

---

77   Vgl. Dannhäuser, R.: Praxishandbuch Social Media Recruiting S.160

78   Vgl. Dannhäuser, R.: Praxishandbuch Social Media Recruiting S.170

79   Vgl. https://www.staufenbiel.de/fileadmin/fm-
     dam/PDF/Studien/RecruitingTrends_2017.pdf

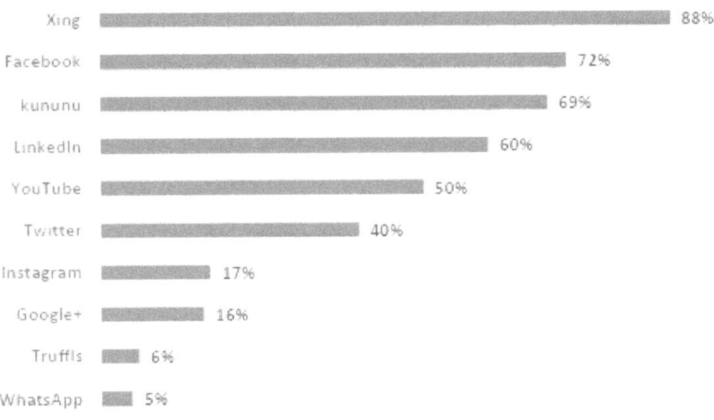

Abbildung 1 Nutzung sozialer Kanäle als Arbeitgeber [80]

Neben den geschäftlichen Karrierenetzwerken Xing und LinkedIn wird auch die kostenlose Videoplattform YouTube von jedem zweiten befragten Arbeitgeber benutzt, um vor allem ihre junge Zielgruppe mit Imagefilmen und Aufnahmen aus dem Arbeitsalltag und der Ausbildung für sich zu gewinnen. YouTube ist eine Social-Network-Plattform, die inzwischen auch zur Google-Produktfamilie gehört, und ist in Deutschland die meistgenutzte Video-Sharing-Plattform.[81] Auch der Microbloggingdienst Twitter, der sich vor allem in den Vereinigten Staaten großer Beliebtheit erfreut, sowie die Foto-Plattform Instagram und Google´s soziales Netzwerk Google+ werden zur Vervollständigung der Social Media-Präsenz und Steigerung der Bekanntheit von zahlreichen Unternehmen genutzt.

Was all diese kostenfreien sozialen Netzwerke eint und womit sie letztendlich ihr Geld verdienen, ist die Möglichkeit von Werbemaßnahmen zur Erfolgssteigerung. Dabei werden beispielsweise veröffentlichte Stellenanzeigen, beliebte Beiträge, Videos oder die Unternehmensseite selbst, beworben, um damit eine höhere Zahl an Abonnenten zu generieren. Gerade wenn man die jüngere Generation der Nutzer ansprechen möchte, kann Werbung in sozialen Netzwerken erfolgversprechend sein. Für diese Zielgruppe sind soziale Medien heute der meistgewählte

---

[80] Eigene Abbildung, vgl. https://www.staufenbiel.de/fileadmin/fm-dam/PDF/Studien/RecruitingTrends_2017.pdf, zugegriffen am 17.07.2017

[81] Vgl. Mack, D., Vilberger, D.: Social Media für KMU, S. 176

Einstieg in das Internet. Somit kann man sie besser über soziale Medien und Netzwerke erreichen als über Job-Plattformen oder Suchmaschinen-Werbung. Grundsätzlich kann man Werbung auf sozialen Netzwerken wie Facebook oder Twitter ähnlich schalten wie bei Suchmaschinen. In der Regel verfügen die einzelnen Netzwerke sogar über mehr und genauere Informationen über ihre Nutzer als Suchmaschinen. Deshalb bieten sie genauere Kriterien an, um die Zielgruppe eines Inserates zu adressieren, was die Chance erhöht, dass das Inserat erfolgreich bei der gewünschten Zielgruppe angezeigt wird. Ein Spezialfall sind die geschäftlichen Netzwerke wie XING oder LinkedIn, die eigene Bereiche für Stelleninserate anbieten.[82]

---

[82] Vgl. Arnold, H.: Einsichten zu Social Media Recruiting, S. 84ff.

5 Recruiting über das Internet – Trends bei Unternehmen und Bewerbern

5.1 Recruiting Trends im Mittelstand

Kleine und mittlere Unternehmen stehen vor zahlreichen Herausforderungen. Laut der Studie „Recruiting Trends im Mittelstand" sehen die befragten mittelständischen Unternehmen den demografischen Wandel, den Fachkräftemangel und gesetzliche Rahmenbedingungen als die Top-3 der externen Trends. Wohingegen die Mitarbeiterbindung, das Employer Branding sowie die Abstimmung zwischen dem Personalmarketing und den Fachabteilungen für sie die wichtigsten internen Herausforderungen in der Personalbeschaffung darstellen.[83]

Viele dieser Unternehmen müssen sich genau überlegen, wofür sie Geld in die Hand nehmen. Wenig überraschend ist es deshalb, dass alle Formen des Online-Recruiting auf dem Vormarsch sind. Abbildung 2 zeigt die Anteile der in verschiedenen Recruiting-Kanälen veröffentlichen Vakanzen:[84]

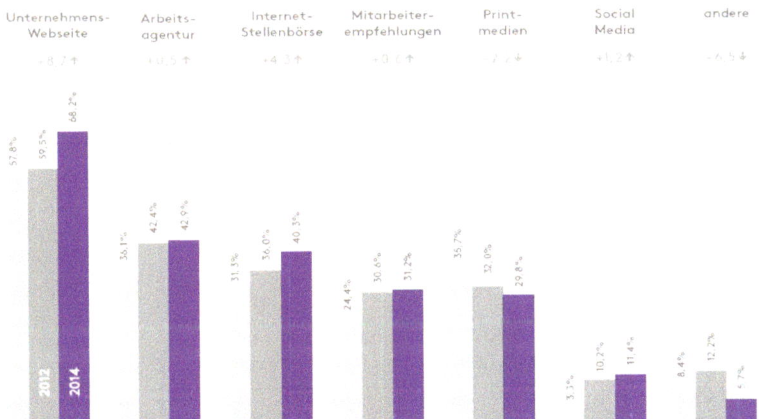

Abbildung 2 Anteile der über verschiedene Recruiting-Kanäle veröffentlichten Vakanzen[85]

---

83 Vgl. Weitzel, T. et al.: Recruiting Trends im Mittelstand 2015, S. 6

84 Vgl. Weitzel, T. et al.: Recruiting Trends im Mittelstand 2015, S. 8

85 Ebd.

68,2 Prozent und damit die weitaus meisten ihrer freien Stellen schreiben die antwortenden Mittelständler auf ihren eigenen Unternehmens-Webseiten aus. 42,9 Prozent aller Vakanzen werden an die Bundesagentur für Arbeit gemeldet und 40,3 Prozent in Internet-Stellenbörsen ausgeschrieben. Bei knapp einem Drittel der offenen Stellen halten die Teilnehmer an der Befragung ihre Mitarbeiter dazu an, geeignete Kandidaten zu empfehlen. Bei diesem Punkt unterschied sich der Mittelstand deutlich von den Top-1.000-Unternehmen in Deutschland, der lediglich 22,7 Prozent seiner Vakanzen an Mitarbeiter kommuniziert. Bei den durch Mitarbeiterempfehlungen tatsächlich generierten Einstellungen (Vgl. Abbildung 3) liegen mittelständische Unternehmen mit 15,2 Prozent fast doppelt so hoch als die Top-1.000. Die Printmedien stellen mit 29,8 Prozent nach wie vor einen wichtigen Beschaffungskanal dar, jedoch ist ein leichter Abwärtstrend zu beobachten. Der Bereich Social Media macht momentan einen sehr geringen Anteil bei den veröffentlichten Vakanzen aus, gewinnt aber tendenziell an Bedeutung.[86]

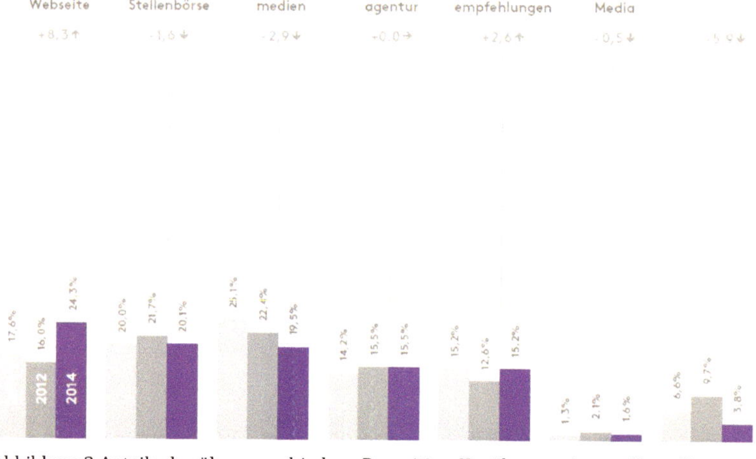

Abbildung 3 Anteile der über verschiedene Recruiting-Kanäle generierten Einstellungen[87]

[86] Vgl. Weitzel, T. et al.: Recruiting Trends im Mittelstand 2015, S. 9f.
[87] Vgl. Weitzel, T. et al.: Recruiting Trends im Mittelstand 2015, S. 9

Vergleicht man den Anteil der Veröffentlichungen mit den tatsächlich generierten Einstellungen über die verschiedenen Kanäle wird deutlich, dass die Unternehmens-Webseite rund ein Viertel aller Rekrutierungen ausmacht. Dicht dahinter folgen Internet-Stellenbörsen und Printmedien mit jeweils rund 20 Prozent. Jeweils mehr als 15 Prozent der Stellenbesetzungen erfolgen über die Bundesagentur für Arbeit sowie über Mitarbeiterempfehlungen. Social Media-Kanäle machen trotz gestiegenem Anteil bei den Veröffentlichungen lediglich 1,6 Prozent aus, wobei kein Aufwärtstrend zu beobachten ist.

Stellt man diese Zahlen den Ergebnissen einer repräsentativen Befragung der Bewerberseite gegenüber, lassen sich tendenziell ähnliche Ergebnisse feststellen. Die jährliche Kandidatenstudie „Bewerbungspraxis" des Centre of Human Resources Information Systems hat hierzu in seiner aktuellen Untersuchung von 2015 die Aussagen von 7.040 Studienteilnehmer ausgewertet.[88]

Stellensuchende können sich während der Informationsphase aktiv und passiv nach neuen Stellenangeboten umsehen. Im Rahmen der aktiven Suche sind Internet-Stellenbörsen und Unternehmens-Webseiten typische Informationskanäle. Bei der passiven Stellensuche hinterlegen Karriereinteressierte ihr Profil in einer Datenbank, welches anschließend von Unternehmen gefunden werden kann. Von der befragten Untersuchungsgruppe bevorzugen es 44,9 Prozent, über passive Kanäle von Unternehmen angesprochen zu werden. 25,2 Prozent der Stellensuchenden haben ein Profil in einer Datenbank hinterlegt. Über passive Informationskanäle haben 21,7 Prozent der Befragten ihren aktuellen Job gefunden.[89]

Abbildung 4 zeigt einen Ausschnitt der Nutzung unterschiedlicher Informationskanäle zur aktiven Suche nach Stellenanzeigen durch Stellensuchende und Karriereinteressierte.

---

88 Vgl. Weitzel, T. et al.: Bewerbungspraxis 2015, S. 5
89 Vgl. Weitzel, T. et al.: Bewerbungspraxis 2015, S. 35

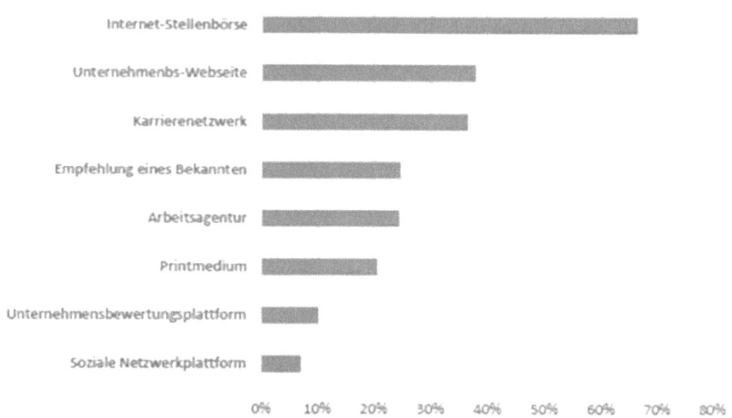

Abbildung 4 Nutzung unterschiedlicher Informationskanäle zur aktiven Suche nach Stellenanzeigen durch Stellensuchende und Karriereinteressierte [90]

Laut dem obigen Diagramm nutzen die befragten Studienteilnehmer demzufolge Internet-Stellenbörsen am häufigsten (66,4 Prozent). Auf den Rängen zwei und drei folgen mit deutlichem Abstand die Unternehmens-Webseite (37,9 Prozent) sowie Karrierenetzwerke wie XING und LinkedIn mit 36,5 Prozent. Rund ein Viertel der Befragten nutzen Empfehlungen durch Bekannte sowie Angebote der Bundesagentur für Arbeit. Ebenso spielen verschiedene Printmedien mit 20,7 Prozent eine Rolle für manche Arbeitssuchende. Etwas abgeschlagen dagegen dienen Unternehmensbewertungsportale wie kununu (10,2 Prozent) und soziale Netzwerke (7,2 Prozent) als Informationsquellen für die Jobsuche. Vergleicht man die aktuellen Ergebnisse im Zeitverlauf mit denen der letzten Jahre, setzte sich der Trend fort, dass Internet-Stellenbörsen und Karrierenetzwerke stärker genutzt wurden (Ansteig um 1,1 bzw. 2,3 Prozentpunkte im Vergleich zum Vorjahr). Auch ist bei der Nutzung der Unternehmens-Webseiten zur Stellensuche ein leichter Aufwärtstrend zu beobachten (Anstieg um 0,7 Prozentpunkte im Vergleich zum Vorjahr). Der Einsatz der Printmedien dagegen sinkt weiter (Verringerung um 2,1 Prozentpunkte zum Vorjahr).[91]

---

[90] Eigene Abbildung, vgl. Weitzel, T. et al.: Bewerbungspraxis 2015, S. 36

[91] Vgl. Weitzel, T. et al.: Bewerbungspraxis 2015, S. 36f.

In Ergänzung zur aktiven Suche nach vakanten Positionen hinterlegen Stellensuchende und Karriereinteressierte ihre Lebensläufe oftmals in Lebenslaufdatenbanken. Auch hier werden die Datenbanken von Internet-Stellenbörsen am häufigsten genutzt (71,6 Prozent). Knapp gefolgt von den öffentlichen Profilen in Karrierenetzwerken mit 67 Prozent. Die Nutzung beider Kanäle bewegte sich die vergangen auf ähnlichem Niveau. Den dritten Platz bilden Lebensläufe in Lebenslaufdatenbanken von Unternehmen (47,5 Prozent), wobei ein stetiger Anstieg zu beobachten ist. Mit 44,3 Prozent wird auch die Datenbank der Bundesagentur für Arbeit immer häufiger für die passive Stellensuche genutzt. Weniger Kandidaten nutzen dagegen ein öffentliches Profil in einem sozialen Netzwerk (16 Prozent). Im 2012 waren es noch 20,6 Prozent.[92]

Obwohl soziale Medien nur einen sehr geringen Teil der generierten Einstellungen ausmachen (1,6 Prozent im Jahr 2014), stellen sie einen wichtigen Trend für das Recruiting dar. Auch die befragten Mittelständler entscheiden sich immer mehr dazu ihre Vakanzen in einem solchen Netzwerk zu veröffentlichen.[93] Eine ähnliche Entwicklung ist auch auf der Bewerberseite zu beobachten. Die Verwendung von Social-Media-Anwendungen wir von mehr als jedem zweiten Kandidaten (55,4 Prozent) befürwortet. Obgleich sich in den vergangenen Jahren abzeichnete, dass Stellensuchende und Karriereinteressierte Social-Media-Kanäle für unterschiedliche Zwecke verwenden, ist ein deutlicher Trend zu erkennen, dass die drei meistgenutzten Social-Media-Kanäle für die Jobsuche, Informationssuche und Vernetzung, XING, LinkedIn und Facebook sind.[94] Allerdings denken lediglich 22,2 Prozent der befragten Unternehmen, dass die durch Social Media notwendig gewordenen Veränderungen in der Rekrutierung (wie zum Beispiel eine aktivere Rolle der Recruiter oder ein verstärkter Dialog mit den Kandidaten) auch einfach umsetzbar sind. Des Weiteren bedingt der Einsatz von Social-Media-Anwendungen in der Personalbeschaffung nach Ansicht von rund drei Viertel der Befragten, dass die Recruiter zusätzliche, neue Fähigkeiten erlernen müssen. Im Fokus steht dabei insbesondere deren Kommunikationsfähigkeit.[95]

---

92 Vgl. Weitzel, T. et al.: Bewerbungspraxis 2015, S. 38
93 Vgl. Weitzel, T. et al.: Recruiting Trends im Mittelstand 2015, S. 11f.
94 Vgl. Weitzel, T. et al.: Bewerbungspraxis 2015, S. 12f.
95 Vgl. Weitzel, T. et al.: Recruiting Trends im Mittelstand 2015, S. 11f.

Zuletzt hat das Thema Mobile Recruiting in den vergangenen Jahren stark an Bedeutung gewonnen. Die Einstellung hierzu hat sich im deutschen Mittelstand in den letzten Jahren deutlich verbessert. Es denken aktuell jeweils 46,2 Prozent der Studienteilnehmer, dass die zunehmende Nutzung mobiler Endgeräte einen großen Einfluss auf die Rekrutierung haben wird (Anstieg um 13,9 Prozentpunkte im Vergleich zum Jahr 2012). Trotz dieser Einstellung ist die tatsächliche Umsetzung von Mobile Recruiting in den Unternehmen noch nicht weit fortgeschritten. Lediglich 7,7 Prozent der Befragten haben bereits die Darstellung ihrer Karriere-Webseite sowie ihrer Online-Stellenanzeigen für bestimmte mobile Endgeräte optimiert. Immerhin plant knapp ein Viertel eine entsprechende Optimierung für die Zukunft.[96]

5.2 Social Media in KMU

Neben den aktuellen Trends zum Recruiting im deutschen Mittelstand wird im folgenden Abschnitt die Nutzung von sozialen Medien in Deutschland noch einmal gesondert betrachtet. Hierzu liegt eine Studie der BITKOM (Social Media in deutschen Unternehmen) zugrunde, welche auch kleinere Unternehmen ab einer Mitarbeiterzahl von einer Person, miteinbezieht. Die untersuchten Branchen waren dabei hauptsächlich Industrie, Baugewerbe, der Dienstleistungssektor sowie der Handel.[97]

Eingangs wurden die Unternehmen gefragt, ob sie grundsätzlich Social Media nutzen. Von den KMU beantworteten 47 Prozent diese Frage mit „Ja<" und 15 Prozent mit „derzeit noch nicht, aber bereits konkret geplant". Im Umkehrschluss bedeutet dies, dass sich 39 Prozent noch nicht mit den Möglichkeiten von Social Media auseinandergesetzt haben oder diese ablehnen. Die meisten Social-Media-Nutzer gibt es dabei im Handel, gefolgt vom Dienstleistungssektor. Schlusslichter bilden die Industrie und das Baugewerbe, von denen 64 Prozent keine sozialen Medien nutzen.

Betrachtet man die einzelnen genutzten Plattformen und Instrumente, nehmen soziale Netzwerke wie Facebook und XING auch hier den ersten Platz (86 Prozent) bei den befragten KMU ein. Video-Plattformen wie z. B. YouTube bilden mit

---

[96] Ebd.

[97] Vgl. https://www.bitkom.org/noindex/Publikationen/2012/Studie/Social-Media-in-deutschen-Unternehmen/Social-Media-in-deutschen-Unternehmen4.pdf, S. 2

28 Prozent den geteilten zweiten Platz. Unternehmens-Blogs bzw. Micro-Blog-Plattformen wie Twitter werden von 28 bzw. 25 Prozent genutzt.

Wirft man jedoch einen Blick auf die Anwendungsfelder von Social Media, fällt auf, dass diese größtenteils für Werbung, Marketing und Öffentlichkeitsarbeit genutzt werden. Der Einsatz von sozialen Medien für Personalfragen ist hingegen überraschend wenig verbreitet: Nur 8 Prozent der befragten KMU nutzen die Medien für Personalfragen. Die Nutzung bei den Großunternehmen ist mit 27 Prozent deutlich weiter verbreitet. Bei den verfolgten Zielen von Social-Media-Aktivitäten liegt die Gewinnung neuer Mitarbeiter für KMU mit 23 Prozent auf dem vorletzten Platz. Dies macht deutlich, dass die Nutzung von Social Media in KMU für Personalfragen eher Nebensache ist. Dabei gibt es gerade dort viele Chancen für Unternehmen aller Größen und Branchen, potenzielle Mitarbeiter im Social Web anzusprechen oder im Rahmen eines Employer-Branding-Konzepts seine Vorzüge als Arbeitgeber zu präsentieren.[98]

Die zukünftige Bedeutung von Social Media bewerteten die Unternehmen mit „zunehmend" (62 Prozent) bzw. „gleichbleibend" (31 Prozent). Dementsprechend werden auch die zukünftigen Investitionen in diesen Bereichen prognostiziert: 41 Prozent gaben an, hierfür künftig mehr Geld auszugeben und 42 Prozent wollen ihre Investitionen auf ähnlichem Niveau beibehalten.[99]

In Anbetracht dieser zahlreichen Entwicklungen und Trends im digitalen Personalmarketing und SMR mag es für viele kleinere Arbeitgeber keine einfache Entscheidung sein, in welche dieser Maßnahmen sie ihre Ressourcen investieren sollen. Vor allem im Hinblick auf die zu erwartenden Kosten und dem vorausgesetzten Fachwissen unterscheiden sich die einzelnen Kanäle sehr stark voneinander. Und selbst dann gibt es noch keine Sicherheit, dass die gewünschte Zielgruppe erreicht wird und eine erfolgreiche Rekrutierung stattfindet. Deshalb werden im folgenden Kapitel die einzelnen Kanäle noch einmal im Hinblick auf die Bedürfnisse kleiner und mittlerer Unternehmen betrachtet und für verschiedene Unternehmensgrößen analysiert.

---

[98] Vgl. https://www.bitkom.org/noindex/Publikationen/2012/Studie/Social-Media-in-deutschen-Unternehmen/Social-Media-in-deutschen-Unternehmen4.pdf, S. 2

[99] Ebd.

6 Trendanalyse und Bewertung für KMU

6.1 Beurteilungsgrundlagen

Aufbauend auf den im vorherigen Kapitel dargestellten Trends, wird im folgenden Abschnitt eine Bewertung der verschiedenen Kanäle für das Recruiting und Employer Branding vorgenommen. Dabei wird unter allgemeiner Berücksichtigung für KMU relevanter Anforderungen hinsichtlich Kosten, Zielgruppe und den erforderlichen Fähigkeiten zur Umsetzung für die Größenklassifizierungen „Kleinstunternehmen" (bis 9 Mitarbeiter), „Kleinunternehmen" (bis 49 Mitarbeiter) und „mittelständische Unternehmen" (bis 249 Mitarbeiter), jeweils ein Best-Practice-Modell abgeleitet. Es wird dabei die Implikation unterstellt, dass Kleinstunternehmen keine eigenen Mitarbeiter für die Personalaufgaben beschäftigen, Kleinunternehmen eine eigene Arbeitskraft für das Recruiting und die Personalarbeit beschäftigen und mittelständische Unternehmen eine Personalabteilung besitzen.

Die Ergebnisse sollen für Entscheidungsträger der jeweiligen Unternehmen eine Orientierungshilfe bezüglich der Auswahl bestimmter Recruitingmaßnahmen und –strategien bieten und einen Anhaltspunkt für zielgerichtete und ressourceneffiziente Maßnahmen im Bereich des digitalen Personalmarketings und Social-Media-Recruitings geben.

6.2 Kleinstunternehmen

Als Kleinstunternehmen werden laut europäischer Definition Betriebe bezeichnet, die bis zu 9 Mitarbeiter beschäftigen und deren jährliche Umsatzerlöse sowie die Bilanzsumme weniger als zwei Millionen Euro betragen. In Deutschland machen diese ca. 80 Prozent der Gesamtunternehmen aus.[100] Sie sind meist inhabergeführte Betriebe und treten vermehrt in den Branchen des Grundstücks- und Wohnungswesens, der Freiberufler im Dienstleistungssektor, dem Gastgewerbe und den sonstigen Dienstleistungen auf, aber auch im Handel, dem Baugewerbe, dem Gesundheits- und Sozialwesen und im verarbeitenden Gewerbe.[101]

---

[100] Söllner, R.: Die wirtschaftliche Bedeutung kleiner und mittlerer Unternehmen in Deutschland, S. 45

[101] Günterberg, B.: Unternehmensgrößenstatistik, S. 49

Aufgrund der geringen Beschäftigtenzahl ist auch der jährliche Recruitingbedarf relativ überschaubar und dürfte sich im niedrigen einstelligen Bereich bewegen. Da es bei den Kleinstunternehmen in der Regel keinen eigenen Mitarbeiter für die personalrelevanten Tätigkeiten gibt, diese von der Geschäftsleitung oder einer Bürokraft erledigt werden oder gar outgesourced sind, sind Rekrutierungsmaßnahmen mit Bedacht auszuwählen. Dabei spielen auch die meist relativ homogene Mitarbeiterstruktur sowie der Kostenfaktor eine wichtige Rolle und finden deshalb in der folgenden Bewertung der einzelnen Kanäle besondere Berücksichtigung.

Unternehmenshomepage

Eine eigene Unternehmenshomepage stellt grundsätzlich für eine Vielzahl von Kleinstunternehmen eine gute Möglichkeit dar, ihr Unternehmen online zu präsentieren – sei es für allgemeine Marketingzwecke oder zur Veröffentlichung von Stellenanzeigen. Jedoch ist der Aufbau und der Betrieb auch immer mit Kosten in Form von Arbeitsaufwand oder regelmäßiger Gebühren für das „Hosting" an einen Dienstleister verbunden. Im Internet gibt es zahlreiche Anbieter die ein sogenanntes „Baukastensystem" zur Erstellung einer solchen Webseite anbieten. Die meisten davon haben eine kostenfreie Basisversion im Angebot. Darüber hinaus bieten diese verschiedene Pakete mit erweiterten Funktionen sowie SEM an, welche bis zu 500€ jährlich kosten. Im Hinblick auf die Rekrutierung von Mitarbeitern bzw. das Personalmarketing kann jedoch aufgrund der erwartungsgemäß niedrigen Frequentierung durch potenzielle Bewerber durch die meist geringe Bekanntheit solch kleiner Unternehmens keine generelle Empfehlung für den Betrieb einer solchen Seite gegeben werden, allerdings ist es, sollte man bereits eine eigene Homepage betreiben, immer zu empfehlen dort eventuelle offene Vakanzen zu veröffentlichen.

Internet-Stellenbörsen

Da es mittlerweile etliche Jobportale im Internet gibt, welche für jede Region bzw. Zielgruppe passende Bewerber anbieten, steht bei deren Nutzung für Kleinstunternehmen vor allem der Faktor Kosten im Vordergrund. Bei den Marktführern wie Stepstone, monster.de oder Jobware kostet die Veröffentlichung einer 30-tägigen Stellenanzeige einen hohen dreistelligen Betrag was für Kleinstunternehmen deshalb kaum in Fragen kommen dürfte. Jedoch existieren auch zahlreiche kostenfreie Angebote, weshalb es sich durchaus lohnen kann, nach einem für das eigene Unternehmen passenden Anbieter zu recherchieren. Grundsätzlich kann aber die Nutzung der Jobbörse der Bundesagentur für Arbeit empfohlen werden. Diese steht für alle am Arbeitsmarkt Beteiligten kostenfrei zur Verfügung und hat darüber hinaus eine hohe Reichweite und Bekanntheit über alle Berufsfelder und Regionen hinweg und zeichnet sich durch ihre hohe Benutzerfreundlichkeit aus.

Karrierenetzwerke

Die beiden wichtigsten Karrierenetzwerke XING und LinkedIn unterscheiden sich vor allem bei den registrierten Mitgliedern. Während LinkedIn eher auf die internationale Rekrutierung spezialisiert ist, konzentriert sich XING ausschließlich auf den deutschsprachigen Markt. Für Kleinstunternehmen wird aufgrund ihrer regional geprägten Mitarbeiterstruktur im Normalfall meist letzteres Infrage kommen. Die Kosten für ein Ausbildungs- bzw. Employer-Branding-Profil für XING und kununu betragen trotz Preisstaffelung 200€ bzw. knapp 400€ im Monat. Für die Veröffentlichung einer 30-tägigen Stellenanzeige muss man mindestens 395€ bezahlen, jedoch gibt es auch die Möglichkeit der Veröffentlichung von kostenfreien Anzeigen. Aufgrund des geringen Recruitingbedarfs von Kleinstunternehmen werden diese kostenpflichtigen Angebote jedoch kaum infrage kommen. Möchte man dennoch in einem dieser Netzwerke präsent sein, kann man auf die Möglichkeit eines kostenlosen Unternehmensprofils zurückgreifen.

Klassische soziale Medien

Die klassischen sozialen Medien sind bis auf eventuelle Werbemaßnahmen grundsätzlich kostenfrei. Sie zeichnen sich aus durch eine einfache Handhabung und hohe Reichweite - vor allem bei jüngeren Zielgruppen - aus. Facebook ist dabei der wichtigste Kanal. Durch die hohe Nutzerfreundlichkeit und viele Gestaltungsmöglichkeiten stellt es eine gute Möglichkeit da ein Unternehmen nach außen zur präsentieren. Für viele Kleinstunternehmen kann sich eine Facebook-Seite darüber hinaus auch als Ersatz für eine Unternehmenshomepage eignen. Man kann dort einfach und schnell Stellenanzeigen oder Bilder vom Unternehmen und Arbeitsalltag veröffentlichen. Deshalb sollte jedes Unternehmen diese Möglichkeiten nutzen. Fühlt man sich bei der Veröffentlichung bzw. Strategie der Social-Media-Aktivitäten unsicher, kann es darüber hinaus durchaus hilfreich sein, eine Schulung hinsichtlich der Kommunikation in sozialen Medien zu absolvieren. Möchte man auf Facebook ein Bild teilen, kann man dies dazu mit einem Klick auch auf der Partnerplattform Instagram teilen, welche zusätzlich einen wichtigen Kanal für das Personalmarketing darstellt. Ähnliches gilt für den Microbloggings-Dienst Twitter. Lediglich die Video-Plattform YouTube stellt für Unternehmen eine relativ hohe Einstiegshürde aufgrund der erwarteten Professionalität der Videos, wonach sich deren Eignung für Kleinstunternehmen infrage stellen lässt.

6.3 Kleinunternehmen

Als Kleinunternehmen werden laut europäischer Definition Betriebe bezeichnet, die mehr als 9 und bis zu 49 Mitarbeiter beschäftigen und deren jährlichen Umsatzerlöse sowie die Bilanzsumme weniger als zehn Millionen Euro betragen. In Deutschland sind dies ca. 16 Prozent aller Unternehmen.[102] Kleinunternehmen sind meist inhabergeführt und ihre Verteilung nach Branchen verhält sich analog zu den Kleinstunternehmen. Sie stammen vermehrt aus den Bereichen des Grundstücks- und Wohnungswesens, der Freiberufler im Dienstleistungssektor, dem Gastgewerbe und den sonstigen Dienstleistungen, aber auch dem Handel, dem Baugewerbe, dem Gesundheits- und Sozialwesen sowie dem verarbeitenden Gewerbe.[103]

Aufgrund ihrer Beschäftigtenzahlen wird sich der jährliche Recruitingbedarf in der Regel im einstelligen Bereich befinden. Bei dieser Unternehmensgruppe wird angenommen, dass es eine eigene Arbeitskraft für den Bereich des Personalwesens und die damit einhergehenden Tätigkeiten des Recruitings und Personalmarketings gibt. Die Mitarbeiterstruktur von Kleinunternehmen wird im Vergleich zu größeren Unternehmen als relativ homogen angesehen. Auch bei diesen Unternehmen spielt der Kostenfaktor eine sehr wichtige Rolle, wobei ein höherer finanzieller Spielraum als bei Kleinstunternehmen unterstellt wird. Außerdem stehen für die Personalarbeit etwas mehr Ressourcen zur Verfügung.

Unternehmenshomepage

Da die Unternehmenshomepage einen der wichtigsten Kanäle für Bewerber darstellt, aktiv nach offenen Stellen zu suchen, gewinnt auch ihr Stellenwert für das Recruiting mit zunehmender Unternehmensgröße an Bedeutung. Heutzutage wird allgemein erwartet, dass sich auch kleine Unternehmen im Internet mit einer eigenen Seite präsentieren. Dazu gehört auch ein eigener Karrierebereich, auf

---

[102] Söllner, R.: Die wirtschaftliche Bedeutung kleiner und mittlerer Unternehmen in Deutschland, S. 45

[103] Günterberg, B.: Unternehmensgrößenstatistik, S. 49

dem sich potenzielle Bewerber über das Unternehmen im Allgemeinen sowie entsprechende Arbeits- und Ausbildungsangebote informieren können. Vielmehr stellt sich die Frage, ob man die eigene Homepage mittels eines Gesamtpaketes bei einem Online-Anbieter „hosten" sollte oder ob unternehmensintern geeignete Ressourcen (z. B. IT-Kräfte) zur Verfügung stehen, um selbst bei der Gestaltung bzw. Programmierung tätig zu werden. Entscheidet man sich für die „Inhouse-Variante", bietet dies meist erweiterte Gestaltungsmöglichkeiten hinsichtlich des Corportate-Designs sowie dem allgemeinen Aufbau. Dabei sollte auch auf die korrekte Darstellung beim Zugriff von mobilen Geräten geachtet werden. Vor allem im Hinblick auf ein zukünftiges Wachstum des Unternehmens kann ein möglichst früher Einstieg in die Eigenentwicklung von Vorteil sein. Die Entscheidung für den Einsatz von Suchmaschinenmarketing für die Stellenausschreibungen oder die Webseite muss jedoch aufgrund der in den vergangenen Jahren stark gestiegenen Kosten sowie der starken Konkurrenz, vor allem durch Online-Stellenbörsen, im Einzelfall betrachtet werden.

Internet-Stellenbörsen

Internet-Stellenbörsen gewinnen sowohl für Unternehmen als auch für Bewerber bei der Rekrutierung zunehmend an Bedeutung. Auch Kleinunternehmen sollten in erster Linie die kostenfreie Jobbörse der Bundesagentur für Arbeit für sich nutzen. Darüber hinaus kann es auch für sie sinnvoll sein, sich im Internet über weitere für ihre Branche und Zielgruppen relevante Jobplattformen, zu informieren. Da auch für Kleinunternehmen die Kosten für die Rekrutierung eine wichtige Ressource darstellen, sollten kostenpflichtige Veröffentlichungen auf bekannten Internet-Stellenbörsen möglichst nur für schwer zu besetzende Vakanzen in Betracht gezogen werden. Da in diesen Paketen meist bereits professionelle SEO- und SEA-Maßnahmen inbegriffen sind, kann man dadurch noch einmal ohne großen Aufwand eine erhebliche Steigerung der Reichweite und des potenziellen Rekrutierungserfolgs generieren.

Karrierenetzwerke

Wie bereits bei den Kleinstunternehmen erwähnt, sollten auch Kleinunternehmen zunächst die kostenlosen Profilanlagen bei XING bzw. LinkedIn (für die Rekrutierung von ausländischen Fachkräften) sowie die Möglichkeit von entgeltfreien Stellenveröffentlichungen auf diesen Plattformen für sich nutzen. Gleiches gilt für XING´s Arbeitgeberbewertungsportal kununu. Darüber hinaus kann es durchaus nützlich sein, ein kostenpflichtiges Abonnement von XING und kununu in Anspruch zu nehmen. Gerade wegen der vermehrten Nachfrage nach Auszubildenden bei KMU kann es sinnvoll sein, das „Ausbildungs-Profil" für 200€ monatlich in Anspruch zu nehmen. Möchte man den vollen Funktionsumfang nutzen, empfiehlt sich das „Employer-Branding-Profil" für 395€ im Monat. Diese Angebote können für Unternehmen einen einfachen und unkomplizierten Einstieg in die Bereiche des Employer Brandings und Social-Media-Recruting bilden, wonach sie dann in den wichtigsten Kanälen in diesem Segment vertreten sind.

Klassische soziale Medien

Die Nutzung klassischer sozialer Medien ist auch für Kleinunternehmen aufgrund der Kostenfreiheit und einfachen Handhabung in jedem Fall zu empfehlen. Allem voran sollten sie im Hinblick auf die jüngere Zielgruppe eine Unternehmensseite bzw. Karriere- oder Ausbildungsseite auf Facebook betreiben. Daneben kann es zur Abrundung der Social-Media-Strategie sinnvoll sein, ebenfalls auf den vielgenutzten Plattformen Twitter, Instagram und Google+ vertreten zu sein, was für die zuständigen Mitarbeiter in der Regel nur einen minimalen Mehraufwand bedeutet. YouTube ist beim klassischen Social Media das zweitwichtigste Medium. Möchte man allerdings kein negatives Image auf sich ziehen, sollte man nur professionelle Videos veröffentlichen, was bei vielen Kleinunternehmen in Konflikt mit den Kosten bzw. internen Ressourcen stehen dürfte. Es kann jedoch durchaus zielführend sein sich ein- oder mehrmalig durch einen Videoproduzenten einen Imagefilm über das Unternehmen, die Ausbildung oder die dortige Arbeit, erstellen zu lassen. Ein solches Video lässt sich wiederum in andere Social-Media-Kanäle oder die Homepage einbinden, was mit der Zeit zu einer sehr hohen Reichweite und damit einem positiven Effekt für das Employer Branding führen kann.

6.4 Mittelständische Unternehmen

Ein mittleres oder mittelständisches Unternehmen beschäftigt laut EU-Definition mindestens 50 und maximal 249 Mitarbeiter. Sie erzielen entweder einen Jahresumsatz von höchstens 50 Millionen Euro oder die Bilanzsumme beläuft sich auf höchstens 43 Millionen Euro. Ihr Anteil liegt in Deutschland bei ca. 3 Prozent der Gesamtunternehmen.[104] Im Hinblick auf ihre Verteilung nach verschiedenen

---

[104] Söllner, R.: Die wirtschaftliche Bedeutung kleiner und mittlerer Unternehmen in Deutschland, S. 45

Branchen sind mittlere Unternehmen im Vergleich zu den kleineren vor allem vermehrt im verarbeitenden Gewerbe tätig. Ein Großteil von ihnen ordnet sich jedoch im Handel bzw. der Instandhaltung/Reparatur von Kraftfahrzeugen ein. Daneben sind viele Mittelständler im Baugewerbe sowie dem Gesundheits- und Sozialwesen tätig.[105]

Der jährliche Recruitingbedarf von mittleren Unternehmen wird im Durchschnitt im niedrigen zweistelligen Bereich liegen. Außerdem wird sich bei diesen Unternehmen vermehrt auf die Ausbildung neuer Arbeitskräfte fokussiert. Durch den damit verbundenen Arbeitsaufwand wird deshalb angenommen, dass es in mittelständischen Unternehmen eine eigene Abteilung für das Personalwesen mit spezialisierten Mitarbeitern für verschiedene Zuständigkeitsbereiche (z. B. Ausbildung oder Recruiting) gibt, weshalb für das Personalmarketing und Recruiting mehr Ressourcen hinsichtlich Arbeitskraft und finanziellen Mitteln zur Verfügung stehen. Aufgrund der höheren Arbeitnehmerzahl und einer erweiterten Abteilungslandschaft als beispielsweise bei Kleinunternehmen wird die Mitarbeiterstruktur als heterogener angesehen, was bei der Auswahl geeigneter Maßnahmen hinsichtlich des Personalmarketings und Social-Media-Recruitings Berücksichtigung findet.

Unternehmenshomepage

Eine professionelle Unternehmenshomepage mit dazugehörigem Karrierebereich nach aktuellen Maßstäben sollte für mittelständische Unternehmen zum Standard gehören. Um diese stets auf dem aktuellen Stand zu halten, sollte sie deshalb von Experten aus dem eigenen Unternehmen verwaltet werden. Um eine gute Auffindbarkeit in Suchmaschinen zu gewährleisten, sollten regelmäßig Maßnahmen bezüglich der Suchmaschinenoptimierung und ggf. des Suchmaschinenmarketings durchgeführt werden. Aufgrund der Komplexität dieser Thematik wird es in der Regel sinnvoll sein, diese Tätigkeiten an eine externe Expertenagentur auszulagern. Da mittlerweile öfter von mobilen Geräten aus auf Webseiten zugegriffen wird, spielt die Optimierung der Darstellung für diese Geräte eine zentrale Rolle.

Internet-Stellenbörsen

Nach der Unternehmenswebseite stellen Online-Stellenbörsen für mittelständische Unternehmen sowohl bei der Veröffentlichung von Vakanzen als auch bei der

---

[105] Günterberg, B.: Unternehmensgrößenstatistik, S. 49

Zahl tatsächlich generierter Einstellungen einen der wichtigsten Kanäle dar. Deshalb sollte diesen Plattformen beim Recruiting ein hoher Stellenwert zukommen. Auch ist aufgrund der bereits genannten Anforderungen zu empfehlen, die Angebote der Jobbörse der Arbeitsagentur für sich in Anspruch zu nehmen und dort sämtliche relevanten Stellenanzeigen zu veröffentlichen. Darüber hinaus sollte man bestimmte Vakanzen auch auf weiteren branchen- bzw. regionsspezifischen Jobportalen veröffentlichen. Für schwer zu besetzende Stellen kann aufgrund der hohen Erfolgsaussichten sowie dem höheren finanziellen Spielraum für die Gewinnung neuer Mitarbeiter auch die Nutzung kostenpflichtiger Stellenanzeigen auf verschiedenen Portalen von Vorteil sein, um den Personalbedarf stets decken zu können.

Karrierenetzwerke

Auch die Verwendung von Karrierenetzwerken kann für mittelständische Unternehmen nur empfohlen werden. Gerade aufgrund der Preisstaffelung nach Mitarbeiterzahl von XING und kununu stellen diese Plattformen eine gute Möglichkeit dar, Personalmarketing und Social-Media-Recruiting zu betreiben. So eignet sich für die Deckung des Ausbildungsbedarfs beispielsweise das Ausbildungsprofil, welches bis zu einer Beschäftigtenzahl von 199 Mitarbeiter, monatlich 200€ (ab 200 Mitarbeitern 300€) kostet. Die Kosten für das Employer-Branding-Profil betragen 395€ bzw. 495€ im Monat. Daneben kann für mittelgroße Unternehmen auch die Rekrutierung von ausländischen Arbeitskräften eine Rolle spielen, wofür das Karrierenetzwerk LinkedIn prädestiniert ist. Für das Recruiter Lite Paket mit eingeschränktem Funktionsumfang muss man bei jährlicher Zahlung knapp 75€ monatlich aufbringen. Die eigene Recruiter Lösung kostet hingegen knapp 575€ im Monat. Des Weiteren bieten beide Karrierenetzwerke relativ günstige Angebote für die Veröffentlichung von Stellenanzeigen an, was zusätzlich in Betracht gezogen werden kann.

Klassische soziale Medien

Für das Employer Branding und auch für die Veröffentlichung von Stellenanzeigen stellen auch die klassischen sozialen Medien eine einfache und ressourcenschonende Möglichkeit dar. Um möglichst zielgerichtet verschiedene Zielgruppen über Neuigkeiten zum Unternehmen und Karrieremöglichkeiten zu informieren, sollten dabei möglichst viele der beliebtesten Plattformen (Facebook, YouTube, Twitter, Instagram, Google+, etc.) genutzt und die jeweiligen Profile möglichst mehrmals in der Woche mit aktuellen Beiträgen gefüllt werden. Um dies möglichst zielgerichtet zu tun, sollten der oder die zuständigen Mitarbeiter hinsichtlich der Kommunikation in sozialen Medien bestmöglich geschult werden.

6.5 Zusammenfassung

Die nachfolgende Tabelle (Tabelle 4), fasst die wichtigsten Empfehlungen der unterschiedlichen Kanäle und Maßnahmen hinsichtlich der verschiedenen Unternehmensgrößen zusammen. Dabei steht „+" für eine generelle Eignung einer Maßnahme hinsichtlich des Recruitings, „-" für eine Nichteignung, „o" für den bedingt zu empfehlenden Einsatz und „k" für die Nutzung von kostenfreien Angeboten aus den einzelnen Kategorien:

	Unternehmens-Webseiten	Internet-Stellenbörsen	Karriere-Netzwerke	Klassische soziale Medien
Kleinst-Unternehmen	-	k	k	+
Kleine Unternehmen	+	o / k	o / k	+
Mittlere Unternehmen	+	+	+	+

Tabelle 4 Eignung verschiedener Kanäle für Kleinst-, kleine und mittlere Unternehmen

Für Kleinstunternehmen ist im Allgemeinen zu sagen, dass der Betrieb einer eigenen Unternehmenswebseite, im reinen Hinblick auf das Recruiting, nicht zu empfehlen ist. Vielmehr sollte man die Möglichkeiten der klassischen sozialen Medien (z. B. Facebook) für die Zwecke des Employer Brandings und Recruitings für sich nutzen, um dadurch möglichst kosteneffizient zu agieren. Bei den Internet-Stellenbörsen und Karrierenetzwerken sollte man sich in erster Linie mit den kostenlosen Möglichkeiten einer Profilanlage sowie der Veröffentlichung von Stellenanzeigen mit begrenztem Funktionsumfang begnügen.

Das „Hosting" einer Webseite kann dagegen für Kleinunternehmen aufgrund der relativ geringen Kosten sinnvoll sein. Auch hier hat die Präsenz in den klassischen sozialen Medien Vorrang. Ob man kostenpflichtige Angebote hinsichtlich der Stellenveröffentlichung und des Employer Brandings auf Internet-Stellenbörsen und Karrierenetzwerken als kleines Unternehmen nutzt, sollte im Einzelfall abgewogen werden.

Für mittelgroße Unternehmen kann dagegen die Nutzung des vollen Funktionsumfangs aller dieser Kanäle zielführend sein. Die Entscheidung für kostenpflichtige Abonnements muss jedoch auch hier im Einzelfall geprüft werden.

7 Zukünftiger Ausblick und Fazit

7.1 Die Zukunft des Online-Recruitings

Was die Zukunft des Recruitings betrifft, gehen die deutschen Firmen auch weiterhin von einer guten Geschäftsentwicklung und einem damit verbundenen erhöhten Personalbedarf aus, wobei sich die externen Trends wie der Fachkräftemangel noch weiter verschärfen dürften. Um diesen Entwicklungen entgegenzuwirken, sollten vor allem kleine und mittlere Unternehmen versuchen, sich von ihrer Konkurrenz abzuheben. Dies könnte beispielsweise durch flexiblere Arbeitskonzepte oder einer verbesserten Work-Life-Balance geschehen. Aber auch das Thema Mobile Recruiting wird in der Zukunft noch stark an Bedeutung gewinnen. Aufgrund der immer weiter steigenden Zahl an mobilen Endgeräten sollten selbst kleinere Unternehmen trotz des oftmals hohen Aufwands ihre eigenen Rekrutierungskanäle hinsichtlich der Darstellung und Nutzung für Smartphones und Co. optimieren. Darüber hinaus wird die zunehmende Bewegung zur aktiven Kandidatensuche auch weiterhin anhalten.

Die Recruiter von morgen müssen deshalb auf die verschiedensten Aufgaben vorbereitet sein. Sie sollten Marketingspezialisten mit einem fundierten Wissen über ihre Zielgruppe sein, die ihr Unternehmen vermarkten wie ein Produkt. Darüber hinaus werden Kenntnisse hinsichtlich der Suchmaschinenoptimierung (SEO) und –werbung (SEM) immer bedeutender. Ebenfalls sollten Recruiter sehr gute kommunikative Fähigkeiten besitzen und diese in den sozialen Medien einsetzen. Zusätzlich ist ein gutes Verständnis über die Funktionsweise und Angebote der immer relevanter werdenden Online-Stellenportale und Rekrutierungsnetzwerke notwendig, um den Anforderungen eines ganzheitlichen Social-Media-Recruitings und Personalmarketings gerecht zu werden.

7.2 Fazit

Diese Arbeit hat versucht, den Personalverantwortlichen und Inhabern kleiner und mittlerer Unternehmen einen Überblick über aktuelle Trends und Entwicklungen im digitalen Personalmarketing und Social-Media-Recruiting zu geben. Sie sollten eine Orientierungsgrundlage erhalten haben, welche Kanäle für verschiedene Unternehmensgrößenklassen in Frage kommen können und was es dabei zu beachten gibt.

Es gibt mittlerweile eine Fülle von Online-Angeboten für das Personalmarketing und Recruiting, welche bereits von zahlreichen Unternehmen in Anspruch genommen werden. Jedoch unterscheiden sie sich bei deren Nutzung und der Umsetzung anderer digitaler Rekrutierungsinstrumente so stark wie die einzelnen Unternehmen selbst voneinander. Aus diesem Grund ist es schwierig, allgemeine Empfehlungen für kleine und mittelständische Unternehmen zu geben. Jedoch wird es im Allgemeinen – unabhängig von der Größe und Art des Unternehmens – immer wichtiger werden, stets einen Überblick über aktuelle Konzepte und Kanäle für die Personalgewinnung zu behalten und den relevanten Trends zu folgen. Nur dadurch kann gewährleistet werden, dass der Personalbedarf auch zukünftig möglichst bedarfsgerecht gedeckt und damit der digitalen Zukunft mit guten Erwartungen entgegengeblickt werden kann.

Literaturverzeichnis

Arnold, Hermann (2015): Einsichten zu Social Media Recruiting. Wie Sie Netzwerke wirklich richtig nutzen. 2. Auflage Freiburg: Haufe

Arnold, Hermann (2012): Personal gewinnen mit Social Media. Die besten Starategien und Instrumente für Ihr Bewerbermarketing im Web 2.0. Freiburg: Haufe

Beck, Christoph (2008): Personalmarketing 2.0. Vom Employer Branding zum Recruiting. Köln: Wolters Kluwer Deutschland

Birkigt, Klaus, Stadler, Marinus M., Funck, Hans Joachim (2013): Corporate Identity. Grundlagen Funktionen Fallbeispiele. 12. Auflage München: Moderne Industrie

Dannhäuser, Ralph (2015): Praxishandbuch Social Media Recruiting. Experten Know-How/ Praxistipps/ Rechtshinweise. 2. Auflage Filderstadt: Springer Fachmedien

Günterberg, Brigitte (2012): Unternehmensgrößenstatistik. Unternehmen, Umsatz und sozialversicherungspflichtig Beschäftigte 2004 bis 2009 in Deutschland, Ergebnisse des Unternehmensregisters (URS 95). Daten und Fakten Nr. 2 Bonn: Institut für Mittelstandsforschung

Knapp, Eckhart (2010): Rekrutierungsmanagement. Erfolgreiche Mitarbeitergewinnung für Unternehmen. 1. Auflage Berlin: Erich Schmidt Verlag

Lammenett, Erwin (2017): Praxiswissen Online-Marketing. Affiliate- und E-Mail-Marketing, Suchmaschinenmarketing, Online-Werbung, Social Media, Facebook-Werbung. 6. Auflage Wiesbaden: Springer Gabler

Mack, Dagmar, Vilberger, Dominic (2016): Social Media für KMU. Der Leitfaden mit allen Grundlagen, Strategien und Instrumenten. Wiesbaden: Springer Gabler

Immerschitt, Wolfgang, Stumpf, Markus (2014): Employer Branding für KMU. Der Mittelstand als attraktiver Arbeitgeber. Wiesbaden: Springer Gabler

Mack, Dagmar, Vilberger, Dominic (2016): Social Media für KMU. Der Leitfaden mit allen Grundlagen, Strategien und Instrumenten. Wiesbaden: Springer Gabler

Niedersächsisches Institut für Wirtschaftsforschung NIW (2016): Stellenbesetzung und personalpolitische Probleme in KMU – Analysen des IAB-Betriebspanels. Hannover

Nielsen, Martin, Luttermann, Karin, Lévy-Tödter Magdaléne (2017): Die Stellenanzeige als Instrument des Employer Branding in Europa. Interdisziplinäre und kontrastive Perspektiven. Wiesbaden: Springer Fachmedien

Pfohl, Hans-Christian et al. (2013): Betriebswirtschaftslehre der Mittel- und Kleinbetriebe. Größenspezifische Probleme und Möglichkeiten zu ihrer Lösung. 5. Auflage Berlin: Erich Schmidt Verlag

Rath, Bernd H., Salmen, Sonja (2012): Recruiting im Social Web. Talentmanagement 2.0 – So begeistern Sie Netzwerker für Ihr Mitmach-Unternehmen. 1. Auflage Göttingen: BusinessVillage GmbH

Regnet, Erika (2016): Vertiefung Personalmanagment und Organisation. Skript zur Personalauswahl. Hochschule Augsburg

Stock-Homburg, Ruth (2010): Personalmanagement. Theorien – Konzepte – Instrumente. 2. Auflage Darmstadt: Springer Fachmedien

Schneider, Sonja (2012): Social Media – der neue Trend in der Personalbeschaffung. Hamburg: Diplomica Verlag

Schumacher, Florian, Geschwill, Roland (2014): Employer Branding. Human Resources Management für die Unternehmensführung. 2. Auflage Wiesbaden: Springer Gabler

Söllner, René (2014): Die wirtschaftliche Bedeutung kleiner und mittlerer Unternehmen in Deutschland. Wiesbaden: Statistisches Bundesamt, Wirtschaft und Statistik

Weitzel, T. et al.: Recruiting Trends im Mittelstand 2015. Centre of Human Resources Information Systems (CHRIS), Otto-Friedrich-Universität Bamberg, Goethe-Universität Frankfurt, https://www.unibamberg.de/fileadmin/uni/fakultaeten/wiai_lehrstuehle/isdl/Recruiting_Trends_im_Mittelstand_2015.pdf, zugegriffen am 22.06.2017

Weitzel, T. et al.: Bewerberpraxis 2015. Centre of Human Resources Information Systems (CHRIS), Otto-Friedrich-Universität Bamberg, Goethe-
Universität Frankfurt,
https://www.unibamberg.de/fileadmin/uni/fakultaeten/wiai_lehrstuehle
/isdl/Bewerbungspraxis_2015.pdf, zugegriffen am 22.06.2017

Internetquellen:

BITKOM: https://www.bitkom.org/noindex/Publikationen/2012/Studie/
Social-Media-in-deutschen-Unternehmen/Social-Media-in-deutschen-
Unternehmen4.pdf, zugegriffen am 03.08.2017

Kununu: https://www.kununu.com/at/kununu, zugegriffen am 26.06.2017

LinkedIn: https://press.linkedin.com/de-de/about-linkedin?trk=uno-reg-
guest-home-about, zugegriffen am 17.07.2017

LinkedInsider Deutschland: https://linkedinsiders.wordpress.com/
tag/recruiting/, zugegriffen am 25.07.2017
https://linkedinsiders.wordpress.com/2017/02/06/stellenanzeige-bei-
linkedin-aufgeben/, zugegriffen am 26.07.2017

Online-recruiting.net: http://blog.online-recruiting.net/die-top-15-
jobboersen-deutschlands-im-mai-2016/, zugegriffen am 16.07.2017

Staufenbiel: https://www.staufenbiel.de/fileadmin/fm-
dam/PDF/Studien/RecruitingTrends_2017.pdf, zugegriffen am
17.07.2017

Statistisches Bundesamt:
https://de.statista.com/statistik/daten/studie/241995/umfrage/relevan
z-von-personalbeschaffungskanaelen-deutscher-firmen/, zugegriffen am
16.07.2017

Stepstone: https://www.stepstone.de/5/ecom/, zugegriffen am 16.07.2017

Xing: https://recruiting.xing.com/de/e-recruiting-
loesungen/employerbranding/, zugegriffen am 26.06.2017

Xing: https://recruiting.xing.com/uploads/components/update_360/
produktunterlagen/ produkteinleger
/de/XING_EmployerBrandingProfil_DE.pdf, zugegriffen am 26.06.2017

Xing: https://recruiting.xing.com/uploads/downloads/
150824_XING_Produkteinleger_ Stellenanzeigen_DE_EUR.pdf, zugegriffen
am 25.07.2017